챗GPT
입력 스킬
100

AI와 인문학의 랑데뷰

챗GPT 입력 스킬 100
AI와 인문학의 랑데뷰

초판 1쇄 발행 2025년 4월 30일

지은이 윤창환
펴낸이 장길수
펴낸곳 지식과감성#
출판등록 제2012-000081호

디자인 윤혜성
편집 윤혜성
검수 한장희, 이주연, 윤혜성
마케팅 김윤길

주소 서울시 금천구 벚꽃로298 대륭포스트타워6차 1212호
전화 070-4651-3730~4
팩스 070-4325-7006
이메일 ksbookup@naver.com
홈페이지 www.knsbookup.com

ISBN 979-11-392-2569-3(13000)
값 20,000원

- 이 책의 판권은 지은이에게 있습니다.
- 이 책 내용의 전부 또는 일부를 재사용하려면 반드시 지은이의 서면 동의를 받아야 합니다.
- 잘못된 책은 구입하신 곳에서 바꾸어 드립니다.

지식과감성#
홈페이지 바로가기

AI를 깨우는 핵심 비법

챗GPT 입력스킬 100

AI와 인문학의 랑데뷰

윤창환 지음

지식감정

Contents

Prologue
디지털 소크라테스　　　　　　　　　　　　　　　　11

입력 스킬 10 구체성　　　　　　　　　　　　　　21

질문이 구체적이면, 답변도 명확해질까?
"구체적인 입력은 확률의 미로에서 길을 만든다"

구체적인 **목표** 입력하기　26	구체적인 **예시** 입력하기　31
구체적인 **어휘** 입력하기　27	구체적인 **포맷** 설정하기　32
구체적인 **제한 사항** 입력하기　28	구체적인 **분석** 요청하기　33
구체적인 **맥락** 입력하기　29	구체적인 **창의** 입력하기　34
구체적인 **페르소나** 설정하기　30	**구체성의 딜레마**　35

+ '구체성'의 기술적 배후　　　　　　　　　　　　37
"구체성은 질문을 움직이는 원천이다"

2장 입력 스킬 10 **맥락**   41

배경을 알려주면, 챗GPT의 이해도가 높아질까?
"천하의 챗GPT도 맥락을 만나야 말문이 트인다"

목표와 목적 입력하기 46   **상황 변화 및 업데이트 정보** 입력하기 51
배경과 상황 입력하기 47   **대상자의 지식 수준** 명시하기 52
이전 대화 및 정보와의 연관성 입력하기 48   **대상 독자** 경시하기 53
특정 문제 입력하기 49   **예시 맥락** 입력하기 54
비교 대상 입력하기 50   **용어 정의 맥락** 입력하기 55

+ '맥락'의 기술적 배후   56
"맥락 없는 별은 하염없이 떠돈다"

3장 입력 스킬 10 **페르소나**   61

챗GPT에게 성격을 입히면, 어떤 일이 벌어질까?
"말하는 존재가 달라지면, 내용의 질도 달라진다"

특정 분야 전문가 설정하기 66   **탐정** 설정하기 71
심리 상담사 설정하기 67   **상황극** 설정하기 72
멘토 설정하기 68   **컨설턴트** 설정하기 73
창의적인 파트너 설정하기 69   **특정 동물** 설정하기 74
팀 멤버 설정하기 70   **의사/건강 전문가** 설정하기 75

+ '페르소나'의 기술적 배후   76
"페르소나는 일곱 색깔 무지개"

4장 　입력 스킬 10　**예시**　　　　　　　　　81

한 줄의 예시가, 열 문장의 설명보다 낫지 않을까?
"예시의 금광에서 정답을 캐는 스킬"

추상적 개념 이해 86　　　　**생소한 어휘 이해** 91
다양한 관점 탐색 87　　　　**특별한 장르 글쓰기** 92
창의적 예시 요청 88　　　　**깊이 있는 통찰** 93
구체적인 기술 설명 89　　　**아이디어 실현 가능성** 94
효과적인 학습 활동 90　　　**합리적인 의사 결정** 95

+ '예시'의 기술적 배후　　　　　　　　　　　　　96

"예시는 곧 GPS"

5장 　입력 스킬 10　**포맷**　　　　　　　　　101

출력 형식에 공을 들이면, 답변의 품질도 달라질까?
"포맷을 설계하고 디자인하는 스킬"

구조화된 텍스트 106　　　**히스토그램** 111
인물 중심 해설 107　　　**히트맵** 112
표 108　　　　　　　　　**원형 차트** 113
제한 조건 109　　　　　　**분산형 차트** 114
코드 블록 110　　　　　　**아스키 아트** 115

+ '포맷'의 기술적 배후　　　　　　　　　　　　　116

"포맷은 길을 정한다"

6장 입력 스킬 10 논리 & 분석 121

챗GPT의 진짜 실력, 논리와 분석 아닐까?
"추론의 고리를 이어주는 챗GPT 활용 스킬"

비판적 관점 배양 126
효과적인 토론과 주장 127
논증의 타당성 평가 128
가설 검증 129
인과 분석 130

비교 분석 131
SWOT 분석 132
시나리오 분석 133
파레토 분석 134
회귀 분석 135

+ '논리 & 분석'의 기술적 배후 136
"논리와 분석은 근거를 세운다"

7장 입력 스킬 10 톤 & 매너 141

스타일을 지정하면, 챗GPT가 감정을 입는다?
"같은 내용, 다른 느낌, 말투 하나에 바뀌는 답변의 질"

공식적인 유형 146
비공식적인 유형 147
이념 성향적인 유형 148
권위 있는 유형 149
설득적인 유형 150

도전적인 유형 151
열정적인 유형 152
단도직입적긴 유형 153
공감적인 유형 154
유머러스 유형 155

+ '톤 & 매너'의 기술적 배후 156
"톤 & 매너는 얼굴이다"

8장 입력 스킬 10 산파술 161

진정한 의문의 해소는, 꼬리에 꼬리를 무는 질문 아닐까?
"챗GPT를 소크라테스처럼 만들기"

- 티키타카 166
- 답변 기반, 후속 질문하기 167
- 꼬리 질문의 연속성 유지하기 168
- 답변 요약 및 재구성하기 169
- 개념 확장 및 심화 질문하기 170
- 복잡한 주제 탐구하기 171
- 새로운 지식 발견하기 172
- 심층적인 문제 해결하기 173
- 반론 제기하기 174
- 인사이트 도출하기 175

+ '산파술'의 기술적 배후 176
"소크라테스는 직접 먹여주지 않는다"

9장 입력 스킬 10 창의성 181

상상력과 창의성의 무한 질주, 어디까지 갈 수 있을까?
"챗GPT의 상상력을 자극하는 입력의 비밀"

- 콘텐츠 생성 및 영감 186
- 디자인 및 컨셉 아이디어 188
- 광고 및 마케팅 190
- 창의적인 학습 및 교육 자료 191
- 아이디어 발상 193
- 기발한 질문 194
- 다양한 분야의 정보 융합 195
- 비유와 은유 196
- 우연성과 변주 197
- 미래 예측 198

+ '창의성'의 기술적 배후 199
"창의성은 기존 질서의 재배치"

10장 입력 스킬 10 피드백   203

수정 요청 하나로, 챗GPT의 품질이 달라질까?
"챗GPT는 피드백으로 진화한다"

출처 확인 및 팩트 체크 209   긍정적 요소와 개선점 병행 219
기대치와 응답 결과 비교하기 211   대안 제시 피드백 221
특정 부분 피드백 213   맥락 강조 223
비교 분석을 통한 심화 215   명확한 요청 및 재피드백 225
실시간 피드백 반복 217   철학적 개념의 맥락 확장 227

+ '피드백'의 기술적 배후   229
"피드백은 완성으로 가는 숨은 엔진"

Epilogue
디지털 초인   233

Appendix
'환각'의 주인공 - AI 할루시네이션
빛과 어둠의 양면성   237

Prologue

디지털 소크라테스 Socrates

저자는 이 책에서 **'챗GPT'**를 **'디지털 소크라테스'**로 명명하였습니다. **'디지털 소크라테스'**란 질문을 통해 **'사고**Thinking**'**를 자극하고 진리 탐구의 길잡이가 되는, 인공지능 기반의 **'철학적 대화 파트너'**를 뜻합니다.

그럼, 지금부터 **디지털 소크라테스**인 챗GPT와 함께, **사고**를 확장하는 질문의 여정을 떠나보겠습니다.

챗GPT와의 대화는 장인의 숨결을 지닌 세공 명장이 보석을 다듬는 과정과 유사합니다.

같은 원석이라도 어떻게 다듬느냐에 따라 평범한 돌이 찬란한 보석이 되듯, **'입력 스킬**Prompting Skills**'**의 여하에 따라 챗GPT가 생성하는 결과물의 정교함도 달라집니다.

훌륭한 세공 명장은 단순히 돌을 깎는 데 그치지 않습니다. 그는 원석의 구조를 이해하고, 빛의 굴절을 계산하여 가장 영롱하게 빛날 수 있는 형태를 찾아냅니다.

마찬가지로, 챗GPT를 효과적으로 활용하려면 챗GPT의 작동 원리를 이해하고, 원하는 결과를 이끌어낼 수 있도록 정교한 질문을 설계해야 합니다.

챗GPT는 완성된 보석이 아니라, 가공되지 않은 원석과도 같습니다. 어떻게 다듬고 활용하느냐에 따라 투박한 돌덩이가 될 수도 있고, 빛나는 다이아몬드로 거듭날 수도 있습니다.

실전에서 즉시 활용가능한, 입력 스킬 100

챗GPT를 사용하면서 원하는 답변을 얻지 못해 답답했던 경험이 있으신가요?

이 책은 챗GPT와 효과적으로 소통하기 위해 반드시 알아야 할 **100가지 입력 스킬**을 담고 있습니다.

구체성Specificity, **맥락**Context, **페르소나**Persona, **예시**Example, **포맷**

Format, **논리&분석**Reasoning, **톤&매너**Style, **산파술**Maieutics, **창의성**Creativity, **피드백**Feedback이라는 **10가지의 핵심 카테고리**를 기반으로, 실전에서 즉시 활용가능한 **100가지의 입력 스킬**을 독창적으로 구성하였습니다.

특히 '피드백' 입력 스킬은 그 어떤 스킬보다 중요하기에 심혈을 기울였습니다.

각 스킬은 챗GPT의 작동 원리에 기반하여 설계되었으며, 독자들이 특정 입력 방식의 효과를 직관적으로 이해할 수 있도록 구성하였습니다.

'미흡한 예시 100가지'와 **'우수한 예시 100가지'**를 나란히 비교하여, 누구나 프롬프트 스킬을 직관적으로 체득할 수 있도록 설계하였습니다.

한편, 이 책은 10개의 핵심 카테고리마다, 각 스킬의 기술적 원리를 함께 설명합니다. 예를 들어 '**구체성**Specificity' 스킬에서는 챗GPT가 구체적인 입력을 어떻게 인식하고 처리하는지, 그 기술적 원리와 배후를 학습합니다.

입력 스킬의 효과를 제대로 이해하려면, AI의 작동 원리와 기술적 배경을 이해하는 것이 필수적입니다.

이에 따라 각 장에는 **'애드온**Add-on**'** 챕터를 두어, 스킬의 기술적 기반을 보완적으로 설명하였습니다.

또한 각 입력 스킬마다 간결한 **'핵심 정리'**를 그리고 각 입력 스킬의 '기술적 배후' 끝부분에는 **'한 줄 요약'**을 덧붙여, 학습한 내용이 은은히 체화되도록 배려하였습니다.

각 장의 맨 앞에 등장하는 **유명인들의 명언**도 볼거리입니다.

교양이 깊어지는 프롬프트

이 책은, 프롬프트 설계에 있어 기술 중심의 접근을 지양하고 인문학적 통찰을 지향함으로써, 단순한 기능 습득을 넘어 **'사고하는 챗GPT 활용법'**이라는 새로운 가치를 모색하였습니다.

이 책의 **100가지 예문**Prompt은 철학에서 문학, 예술에서 역사에 이르기까지, 인문학의 깊이와 넓이를 두루 담아 망라하였습니다.

챗GPT 활용법을 익힘과 동시에 인문학적 교양을 넓힐 수 있도록, 특별히 교양 중심의 프롬프트로 설계하였습니다.

이 책은 단순한 입력 스킬의 기술서를 넘어, 인간과 챗GPT의 경계에서 **'새로운 사고의 지평 확장'**을 큰 목표로 삼았습니다.

고흐Vincent van Gogh의 《해바라기》Sunflowers, 다윈Charles Darwin의 《자연선택》Natural Selection, 체호프Anton Chekhov의 《벚꽃 동산》The Cherry Orchard 등 예술과 과학, 문학과 철학을 아우르는 인문학의 정수를 챗GPT와 접목하였습니다.

AI와 인문학의 랑데뷰, 헤밍웨이의 감수성

헤밍웨이의 《노인과 바다》는 단순한 소설을 넘어, 삶과 고독, 인간의 존엄성과 투쟁의 본질을 담아낸 하나의 철학서입니다.
이 작품은 문학적 사유의 정수이자, 존재의 깊이를 탐구하는 한 편의 성찰입니다.

헤밍웨이는 자신의 **'빙산이론**Iceberg Theory**'**을 통해 겉으로 드러난 것보다 감춰진 의미의 깊이를 강조하였습니다.
그의 문학과 삶은 절제와 침묵 속에서 오히려 더 큰 울림을 전하고 있습니다.

이러한 **'헤밍웨이적 감수성'**은 인문학의 지평을 넓히는 정서적 토양이자, 사유의 숨결을 불어넣는 감각적 기반입니다.

인문학은 인간 존재의 내면과 감정을 탐구하는 기나긴 여정입니다. 말보다 침묵 속에서, 정보보다 여백 속에서, 논리보다 **'감정의 결**Emotional Texture**'**을 타고 흐르는, 조용한 떨림 속에서 진실을 포착하는 능력, 바로 그것이 인문학의 본질입니다.

인문학이 깊어지기 위해선 말하는 힘만으로는 부족합니다. 감추고, 비워두고, 조용히 암시하는 능력도 함께 자라나야 합니다.

'디지털 소크라테스'인 **'챗GPT'**와의 대화 역시 매한가지입니다. 헤밍웨이적 감수성으로 다가갈 때, 사용자의 사유는 더욱 깊어지고 넓어질 것입니다.

챗GPT는 스스로 감수성을 지니지 않으며, 상상도 사유도 하지 못합니다.
그러나 사용자가 그 감수성을 자극할 때, 챗GPT는 비로소 잠에서 깨어납니다.

그 잠을 깨우는 힘, 바로 그것이 고도로 연마된 **입력 스킬의 본**

질입니다.

프롬프트를 다루는 입력 스킬은 이제 지식의 요청을 넘어, 하나의 사유이자 창조의 시작입니다.

이 책을 통해 '**입력의 힘**'을 체감하는 순간, 챗GPT는 전혀 다른 존재로 우리 앞에 성큼 다가올 것입니다…

환각의 주인공 - AI 할루시네이션 Hallucination

이 책의 〈부록〉에서는 챗GPT를 실전에서 활용할 때 자주 마주치는 '**AI 할루시네이션**Hallucination'을 다루고 있습니다.

AI 할루시네이션은 존재하지 않는 정보를 그럴듯하게 창작하는 것으로, 단순한 시스템 결함이 아니라 AI의 **언어 생성 메커니즘**과 **입력 구조의 상호작용**에서 비롯됩니다.

겉보기에는 자연스럽고 신뢰감 있게 보이지만, 실제로는 사실과 다른 내용을 포함하고 있어, 정보의 정확성과 신뢰도에 큰 영향을 미치고 있습니다.

오류인가 창조인가, 할루시네이션의 두 얼굴

할루시네이션 문제는 단순한 기술적 오류로 치부하기보다는 **언어 생성 원리**와 **의미 구성 방식**에 대한 **구조적 이해**를 통해 접근해야 합니다.

특히, 오류를 유인하는 **'질문의 구조'**를 잘 살펴야 합니다.

사용자의 부실한 프롬프트는 AI로 하여금 정보의 빈틈을 임의로 채우게 하여, 허구의 사실이 엉뚱하게 제조되는, **'인재**$^{Man-made\ disaster}$**'**를 유발하고 있습니다.

이는 AI 자체의 한계뿐 아니라, 사용자의 질문 방식과 입력 구조에도 문제의 원인이 있음을 시사합니다.

따라서 할루시네이션을 줄이기 위해서는 무엇보다 프롬프트 자체의 논리와 구조를 정교하게 설계해야 합니다.

상상의 실험실, 오류를 창의성으로 전환하기

〈부록〉의 후반부에서는 AI의 오류를-환각을 창의로 돌파하는 반전의 스킬을 제안하고 있습니다.

현실에는 존재하지 않지만, 가능성의 세계를 상상할 수 있는 힘, 바로 그것이 AI의 '환각'이 지닌 또 다른 가능성과 매력입니다.

이러한 관점에서 할루시네이션은 달갑지 않은 결함이기도 하지만 상상력의 실험실이 될 수도 있습니다.

이 〈부록〉의 궁극적 목적은 AI의 한계를 인문학적 시각으로 재해석하여, **'사고의 확장'**과 **'정보 활용의 정확성'**이라는 두 개의 축을 균형 있게 탐구하는 데 있습니다.

AI는 이제, 단순한 정보 도구의 신분을 뒤로하고,

나와 함께 사유하는 지적인 동반자로,

봄날의 개나리처럼, 조용히, 그러나 어느새 다가올 것입니다.

1장

입력 스킬 10

구체성

Specificity

질문이 구체적이면, 답변도 명확해질까?
"구체적인 입력은 확률의 미로에서 길을 만든다"

"의사소통의 핵심은 구체성, 정확성, 명확성이다"

아리스토텔레스 Aristotle

안개 속을 걷는 모호한 질문

챗GPT에게 **'구체성'**이 부족한 입력은 마치 안개 속을 걷는 것과 같습니다.

방향도 흐릿하고, 종착지도 모호한 질문은, 챗GPT를 어느새 추론의 미로에 빠뜨려, 결국 애매하거나 부정확한 응답을 유도합니다.
반면, **구체적인 질문의 설계**는 챗GPT의 응답력을 밝히는 등대와도 같습니다.

구체성은 챗GPT와 효과적으로 소통하기 위한 핵심 도구입니다. 질문에 시간, 장소, 인물, 목적, 형식 등 구체적인 정보가 담길수록 챗GPT는 맥락을 정밀하게 이해하고, 보다 더 타당하고 논리적인 응답을 생성합니다.

'반복은 줄이고, 정확도는 높인다.'
이러한 입력 스킬의 목표와 목적은 생산성과 품질을 동시에 높이는 비책입니다.

언어 시뮬레이션의 원리

챗GPT는 자율적으로 사고하지 않습니다.

입력된 문장을 바탕으로 가장 가능성 높은 '**다음 단어**'를 예측하는 '**확률 기반 언어 모델**Probabilistic language model'이기 때문입니다.

이러한 일련의 과정은 단순한 단어 나열이 아닌, 문맥을 고려한 '**언어 시뮬레이션**Language-based Simulation'이며, 그 정밀도는 입력의 구체성에 따라 결정됩니다.

질문이 구체적이고 맥락적일수록 챗GPT는 언어의 흐름을 보다 더 명확하게 포착할 수 있습니다.

"이야기를 만들어줘"처럼 모호한 설정보다는, "북극 한복판에 우두커니 서 있는, 길 잃은 북극곰…", "멸망 직전, 알렉산드리아 도서관 한구석을 끝까지 사수하는 미네르바의 부엉이…"와 같은 설정은 챗GPT를 단숨에 긴장시키기에 충분합니다.

인물, 배경, 사건 등이 은유적으로 녹아있어 응답의 완성도가 급격히 높아질 수밖에 없습니다.

전략으로서의 '구체성'

사용자의 **'구체적인 입력'** 즉 **'구체성'**은 단순한 정보의 제공을 넘어서 챗GPT의 사고를 설계하는 전략입니다.

질문이 구체적일수록 대화는 깊어지고, 응답은 정교해집니다. 챗GPT는 사용자의 입력에 충실히 반응하므로, 질문의 정밀도가 곧 결과값의 품질로 직결됩니다.

결국, **'구체적인 입력'**은 스킬의 영역이기도 하지만, 궁극적으로는 챗GPT와의 협업을 성공으로 이끄는 **'프레임'**에 그 방점이 있습니다. 입력 스킬의 중요성이 바로 여기에 있습니다.

이제, **'구체성'**의 정수를 향해 나아갈 시간입니다.
'10가지 핵심 스킬'과 함께, 챗GPT와 나의 사유가 어우러지는, 빛나는 여정을 지금 시작합니다.

구체성 Specificity 구체적인 **목표** 입력하기

"사용자가 원하는 정보 획득을 위하여 **구체적인 '목표'**를 입력하면, 챗GPT는 보다 더 명확하고 관련성 높은 답변을 생성합니다."

예시 1 (구체적인 목표 설정이 없는 경우)
"인공지능에 대해 설명해줘."

예시 2 (구체적인 목표 설정이 있는 경우)
"최근 주목받는 인공지능 기술 3가지와 각 기술의 장단점을 비교 분석하여 설명해줘."

핵심 정리
- 사용자가 구체적인 목표를 설정하면, 원하는 정보의 관련성과 정확성이 보다 더 높아집니다.
- 사용자가 구체적인 목표를 입력하면, 챗GPT는 보다 더 집중적이고 정밀한 답변을 생성합니다.
- 챗GPT는 사용자의 목표가 구체적일수록, 보다 더 높은 관련성과 정확성을 바탕으로 한층 정교한 응답을 생성합니다.

스킬 2

구체성 Specificity 구체적인 **어휘** 입력하기

"사용자가 **구체적이고 명확한 '어휘'**와 **'핵심 키워드'**를 입력할수록, 챗GPT는 모호성을 최소화하고 보다 더 정밀하고 일관된 응답을 생성합니다."

예시 1 (막연한 개방적 질문)
"'존재'란 무엇인가요?"

예시 2 (구체적인 어휘를 사용한 질문)
"하이데거 Martin Heidegger의 《존재와 시간》 Sein und Zeit에서 '존재 Sein'와 '존재자 Seiendes'의 차이를 설명해줘."

> **핵심 정리**
> - 사용자는 구체적이고 명확한 어휘를 선택해야 합니다.
> - 사용자는 핵심 키워드를 중심으로 질문을 설계해야 합니다.
> - 챗GPT는 사용자의 구체적인 어휘와 핵심 키워드에 기반하여 결과물을 생성합니다.

구체성 Specificity 구체적인 **제한 사항** 입력하기

"사용자가 **구체적인 '제한 사항'**을 명시하면, 챗GPT는 해당 조건 내에서 명확한 답변을 생성합니다."

예시 1 (구체적인 제한 사항이 없는 경우)
"주말에 '넷플릭스'에서 볼만한 영화 좀 추천해줘."

예시 2 (구체적인 제한 사항이 있는 경우)
"주말에 '넷플릭스'에서 볼만한 영화 3편을 추천해줘. '오징어 게임'처럼 긴장감 있는 작품이면 좋겠고, 너무 잔인한 장면은 피하고 싶어. 반전이 있는 작품이라면 더 좋겠어."

> **핵심 정리**
> - 사용자의 구체적인 '제한 사항' 명시는 답변의 명확성과 집중도를 높일 수 있습니다.
> - 사용자의 구체적인 '제한 사항' 명시는 해당 범위 내에서 최적의 정보를 효과적으로 얻을 수 있습니다.
> - 챗GPT는 입력된 '제한 조건'을 준수하여, 사용자의 요청에 보다 더 적합한 정보를 생성합니다.

구체성 Specificity 구체적인 **맥락** 입력하기

"사용자가 **구체적인 '맥락'**을 입력하면, 챗GPT는 보다 더 깊이 있고 풍부한 답변을 생성합니다."

예시 1 (구체적인 맥락이 없는 경우)
"노르웨이 화가 '에드바르 뭉크'Edvard Munch에 대해 알려줘."

예시 2 (구체적인 맥락이 있는 경우)
"노르웨이 표현주의 화가 '뭉크'에 대해 알고 싶어. 특히 그의 대표작 《절규》The Scream가 탄생한 시대적 배경과 그 그림에 담긴 심리적 의미, 그리고 그 작품이 현대미술에 끼친 영향에 대해 구체적으로 설명해줘."

핵심 정리
- 사용자의 '맥락 입력'이 구체적일수록, 필요한 분야의 사례와 적용 방안을 더욱 쉽게 이해할 수 있습니다.
- 사용자가 상황, 배경 등 구체적인 맥락을 입력하면, 보다 더 심층적이고 상세한 정보를 얻을 수 있습니다.
- 챗GPT는 사용자가 입력한 구체적인 맥락을 바탕으로 결과물을 생성합니다.

구체성 Specificity 구체적인 페르소나 설정하기

"사용자가 **구체적인 '페르소나**Persona'를 설정하면, 챗GPT는 생동감 있는 전문적인 정보를 생성합니다."

예시 1 (구체적인 페르소나 설정이 없는 경우)
"오슨 웰스Orson Welles 감독의 걸작 《시민 케인》Citizen Kane 을 평론해줘."

예시 2 (구체적인 페르소나 설정이 있는 경우)
"챗GPT는 지금부터 퓰리처상을 수상한 영화 평론가, 로저 이버트Roger Ebert 로 변신했어. 오슨 웰스 감독의 걸작 《시민 케인》에 담긴 비선형적 스토리텔링을 전문가 수준으로 평론해줘."

핵심 정리
- 사용자의 구체적인 페르소나 설정은, 전문적이고 상황에 맞는 표현을 유도하는 핵심 스킬입니다.
- 사용자가 페르소나의 캐릭터, 관점, 스타일 등을 구체적으로 명시하면 더욱 짜임새 있는 결과를 얻을 수 있습니다.
- 챗GPT는 페르소나의 관점과 스타일을 반영하여, 보다 더 생동감 있고, 몰입감 있는 전문적인 정보를 생성합니다.

구체성 Specificity 구체적인 **예시** 입력하기

"사용자가 **구체적인 '예시'**를 입력하거나 요청하면, 챗GPT는 보다 더 명확하고 이해하기 쉬운 정보를 생성합니다."

예시 1 (구체적인 예시 입력이 없는 경우)
"다윈Charles Darwin의 《자연선택》Natural Selection 이론에 대해 설명해줘."

예시 2 (구체적인 예시 입력이 있는 경우)
"다윈의 《자연선택》 이론을 구체적인 예시와 함께 설명해줘. 예를 들어, '갈라파고스 섬 핀치새의 부리 변화', '산업혁명기 후추나방의 색깔 변화', '항생제 내성 박테리아 출현' 등 다양한 생물학적 현상을 통해 '자연선택' 과정을 설명해줘."

> **핵심 정리**
> - 사용자의 구체적인 '예시'는 답변의 일관성과 형식을 강화합니다.
> - 사용자의 구체적인 '예시'는 복잡한 개념을 쉽게 이해할 수 있도록 도와줍니다.
> - 챗GPT는 사용자가 입력한 구체적인 '예시'를 통해 질문 의도를 보다 더 명확히 파악할 수 있습니다.

구체성 Specificity 구체적인 **포맷** 설정하기

"사용자가 원하는 **구체적인 '포맷'**을 입력하거나 요청하면, 챗GPT는 그에 맞는 포맷으로 정보를 생성합니다."

예시 1 (구체적인 포맷 설정이 없는 경우)
"김치찌개, 바비큐 립BBQ Ribs, 후무스Hummus와 같은 다양한 문화권의 요리를 접목한, 퓨전 요리 자료를 만들어줘."

예시 2 (구체적인 포맷 설정이 있는 경우)
"김치찌개, 바비큐 립, 후무스 등 다양한 문화권의 요리를 접목한 퓨전 요리를 주제로 프레젠테이션 자료를 만들어줘.
첫째, 메인 카피에는 미슐랭 스타 셰프 '고든 램지Gordon Ramsay'의 요리 철학을 반영해 주고, 둘째, 각 슬라이드는 제목, 부제목, 본문 내용, 이미지 등을 포함하여 구성해줘."

> **핵심 정리**
> - 사용자의 구체적인 포맷 설정은 결과물의 구조와 일관성 유지에 유용합니다.
> - 사용자는 구체적인 포맷 설정을 통해 보다 더 체계적이고 명확한 답변을 얻을 수 있습니다.
> - 챗GPT는 목적에 부합하는 맞춤형 포맷을 생성합니다.

스킬 8

구체성 Specificity 구체적인 **분석** 요청하기

"사용자가 **구체적인 '분석'**을 요청하면, 챗GPT는 객관적이고 신뢰성 있는 분석을 수행합니다."

예시 1 (구체적인 분석 요청이 불분명한 경우)
"세계적인 빅테크 기업군, '매그니피센트Magnificent 7'의 향후 전망에 대해 설명해줘."

예시 2 (구체적인 분석 요청이 분명한 경우)
"세계적인 빅테크 기업군, '매그니피센트 7'의 최근 주가는 첫째, 2025년 1분기에 전반적으로 하락. 둘째, 이들 기업이 'S&P 500' 지수에서 차지하는 비중은 현재 약 35%. 이러한 흐름을 바탕으로, 향후 전망을 구체적으로 분석해줘."

> **핵심 정리**
> - 사용자는 신뢰성 있는 객관적인 분석 결과를 얻을 수 있습니다.
> - 사용자는 예측이나 경향을 보다 더 정확하게 이해할 수 있습니다.
> - 챗GPT는 사용자의 구체적인 데이터와 수치를 기반으로 더욱 명확하고 구체적인 분석 결과를 생성합니다.

구체성 Specificity 구체적인 **창의** 입력하기

"사용자가 **구체적인 '창의**^{Creativity}'를 입력하거나 요청하면, 챗GPT는 역발상, 유추, 융합 등 다양한 창의적 발상으로 새로운 시각을 창안합니다."

예시 1 (구체적인 '창의' 입력 또는 요청이 없는 경우)
"'증가하는 플라스틱 쓰레기 문제'를 어떻게 해결해야 할까요?"

예시 2 (구체적인 '창의' 입력 또는 요청이 있는 경우)
"'증가하는 플라스틱 쓰레기 문제'를 해결하기 위해, 플라스틱을 분해하거나 재활용할 수 있는 새로운 방법을 제안해줘. 예를 들어, 플라스틱을 분해하는 미생물 '이데오넬라 사카이엔시스$^{Ideonella\ sakensis}$'처럼, 창의적이고 혁신적인 접근 방식이면 좋겠어."

> **핵심 정리**
> - 사용자는 참신하고 독특한 관점의 솔루션을 받을 수 있습니다.
> - 사용자는 역발상, 유추 등 다양한 창의적 접근으로 문제를 해결할 수 있습니다.
> - 챗GPT는 입력된 창의적 컨셉을 반영하여 유추, 융합 등 새로운 시각을 통해 독창적인 아이디어를 생성합니다.

스킬 10

구체성 Specificity 구체성의 딜레마 Dilemma

"구체성이 꼭 좋은 것만은 아닙니다"

구체적인 정보 입력은 챗GPT가 보다 더 명확하고 적절한 응답을 생성하는 데 분명히 도움이 됩니다.

하지만 때로는 과도한 **'장황한 구체성'**이 오히려 챗GPT의 상상력, 창의성, 유연성을 제한할 수 있습니다. 이것이 바로 **'구체성의 딜레마'**입니다.

즉, 챗GPT 활용에서도 '과유불급'의 원칙은 유효합니다.

예시 1 (닫힌 질문의 한계)

"인간이 영원히 산다면, 인구 증가 문제는 어떻게 해결해야 할까요? 도로도 막히고, 주거 공간도 부족하고, 살기 힘들지 않을까요?"

이 질문은 **'영생'Immortality**이라는 주제를 인구 문제에만 초점을 맞추며, 챗GPT의 사고를 좁은 범위로 한정 짓고 있습니다.
'사회적 상상력'이나 '철학적 탐색'은 배제되고, 결국 미시적 문제 해결에 갇히게 되는 셈입니다.

이러한 현상을 **'미시적 오류**Micro-Level Folly**'**라고 부를 수 있습니다.

예시 2 (열린 질문의 가능성)
"인간이 영원히 살 수 있다면, 세상은 어떻게 변할까요?"

이 질문은 **'영생'**이라는 거시적인 개념을 중심에 두고 있습니다. 챗GPT가 철학, 윤리, 사회, 과학, 기술 등 다양한 분야의 지식을 종합하여 창의적이고 폭넓은 응답을 생성할 수 있도록 유도하고 있습니다.

즉, 삶과 죽음, 사회 구조, 도덕과 존재의 의미까지 다차원적인 사유의 흐름이 가능해짐

이처럼 **열린 질문**은 챗GPT의 **'창발성**Emergence**'**을 유도하는 우수한 입력 방식입니다.

핵심 정리
- **'폐쇄적인 구체성'**은 챗GPT의 답변 범위를 제한할 수 있으며, 부가적인 정보나 다양한 관점을 놓칠 수 있습니다.
- 지나치게 장황하거나 과도한 구체적인 닫힌 질문은 오히려 챗GPT의 상상력, 창의성, 그리고 유연성을 제한할 수 있습니다.
- 따라서 **'구체성과 포괄성'**, **'미시와 거시'**, **'열림과 닫힘'** 사이에서 균형과 유연성을 유지하는 것이 사용자의 지혜입니다. 사용자는 챗GPT에게 해당 주제와 상황에 걸맞은 폼나는 드레스 코드를 그때그때 다르게 준비해야 합니다.

애드온 Add-on
'구체성 Specificity'의 기술적 배후

"구체성은 질문을 움직이는 원천이다"
AI는 방향 없는 말보다, 뚜렷함을 좋아한다.

AI는 사람처럼 자율적으로 '사고 Thinking'하지 않습니다.
입력된 문장을 바탕으로, 가장 가능성 높은 다음 단어를 예측하여 문장을 생성합니다.

그렇다고 단순히 단어를 이어붙이는 것은 아닙니다.
AI는 맥락, 패턴, 의미 흐름 등을 바탕으로 문장을 '시뮬레이션'합니다. 시뮬레이션의 정밀도는, 질문의 구체성과 비례합니다.

"좋은 책 추천해줘"보다 "자기계발 분야에서 창의성을 키울 수 있는 신간을 추천해줘"라는 요청이 훨씬 더 적절하고 실용적인 응답을 생성합니다.

즉, **'구체적인 입력'**은 AI에게 선명한 무대 조명, 설정된 배경, 정해진 배역 등을 알려주는 것과 같습니다.

이러한 무대에서는 말투, 감정, 논리까지 보다 더 자연스럽고 일관된 품질이 출하됩니다.

결국, **'구체성'**은 AI가 **'가상의 사고 장면**Virtual Thinking Scenario**'**을 그리는 데 필요한 **'언어 시뮬레이션의 핵심 조건'**입니다. 이 조건이 정밀할수록, AI는 최적의 결과물을 생성합니다.

이처럼 AI가 **'구체성'**에 적극적으로 반응하는 이유는 AI 내부적으로 다음과 같은 기술이 작동하기 때문입니다.

✱ **어텐션 메커니즘**Attention Mechanism
- AI는 문장의 의미를 파악하기 위해, 중요한 단어에 집중하는 **'주의 집중'** 기술을 활용합니다.
- 질문이 구체적일수록 AI는 보다 더 **분명한 키워드**에 집중하며, 응답의 방향성을 그쪽으로 잡습니다.

✱ **자가 어텐션**Self-Attention
- AI는 문장 내 단어들이 서로 어떤 관계를 맺고 있는지를 정밀하게 분석합니다.
- 이는 '문맥의 정합성'을 높이고, 문장 전체의 흐름을 자연스럽게 만듭니다.

✱ **맥락 임베딩** Contextual Embedding

- 동일한 단어라도 문맥에 따라 의미가 달라지며, AI는 이를 반영하여 유동적으로 해석합니다.
- 질문이 구체적일수록, 단어의 의미를 더욱 명확하게 파악할 수 있습니다.

✱ **패턴 매칭** Pattern Matching

- AI는 사전에 학습된 지식 내에서 유사한 '예시'나 '구조'를 찾아내 최적의 응답 후보를 추출합니다.
- 질문이 정교할수록 보다 더 고품질 결과물을 생성합니다.

✱ **토큰 최적화** Token Optimization

- AI는 제한된 토큰 범위 내에서 핵심 정보를 선별하고, 이를 우선적으로 출력하는 구조를 갖고 있습니다.
- 구체적인 질문은 정보의 맥락을 분명하게 자극하여, 응답의 효율성과 명확성을 높여줍니다.

✱ **연쇄적 추론** Chain-of-Thought Reasoning

- 복잡한 질문일수록 AI는 사고 과정을 단계적으로 전개합니다.
- 구체적인 입력은 그 흐름을 조직하고, 전제와 조건을 또렷하게 세워줍니다.

결론적으로, AI에게 '구체성'은 단순한 세부 사항이 아니라, 전체 응답의 '설계도'이자 '조정장치'입니다.

구체적인 프롬프트 설계와 입력은 AI의 창의력, 분석력, 표현력 등을 모두 끌어올리는 핵심 전략입니다.

따라서 사용자들은 **'구체성 있는' '입력 스킬'**의 연마가 필수적입니다. **설계-시공**의 원리를 익혀야 합니다.

 한 줄 요약

"AI는 흐름을 따라간다.
'구체성'은 그 흐름에 목적을 부여한다."

2장

입력 스킬 10

맥락
Context

배경을 알려주면, 챗GPT의 이해도가 높아질까?
"천하의 챗GPT도 맥락을 만나야 말문이 트인다"

"정보는 맥락 속에서만 의미를 갖는다"

마샬 맥루한 Marshall McLuhan

'생성형 AI'의 첫 번째 사명은 '맥락' 파악

챗GPT에게 **'맥락 없는 질문'**은 팥소없는 찐빵입니다.

의도와 배경이 빠진 질문은, 챗GPT를 불필요한 상상의 세계로 오도^{Mislead}하기 때문입니다.

반면, **'분명한 맥락과 조건이 담긴 질문'**은 챗GPT를 정좌시키며 바짝 긴장하게 만듭니다.

'맥락'은 챗GPT와의 효과적인 소통을 가능케 하는 **핵심 적인 언어 장치**입니다. 따라서 질문에 전후 사정과 목적, 상황, 대상 등이 명확히 담기면, 응답의 깊이와 정확도가 함께 향상됩니다.

맥락은 협업의 출발점

맥락은 단순한 정보 전달을 넘어, 챗GPT와의 협업을 가능하게 하는 토대입니다.

사용자의 목적이 선명할수록 챗GPT의 언어 시뮬레이션은 더욱 정밀해집니다.

결과적으로 챗GPT는 단순한 반응형 도구가 아니라, 의도를 해석하고 결과를 설계하는 파트너로 작동합니다.

언어 시뮬레이션과 맥락의 상호작용

앞에서 논의한 바와 같이, 챗GPT는 스스로 사고하지 않으며, 입력된 텍스트를 바탕으로 **다음 단어를 예측**하는 **확률 기반 언어 모델**입니다.

그런데 여기서 주목할 점은, 단순한 나열이 아니라 **맥락을 고려한 '언어 흐름의 시뮬레이션**Language-based Simulation**'**이 이뤄진다는 점입니다. 물론 그 시뮬레이션의 정밀도는 입력된 맥락의 여부에 따라 결정됩니다.

예를 들어, "에세이 주제를 정해줘"라는 입력은 해석 범위가 모호하고 범위 또한 지나치게 넓습니다.

반면 "'어제부터 울고 있는, 폐허 도시의 마지막 바리스타'의 심경을 2,000자 분량으로 스케치해줘"라는 설정과 맥락은 짧지만 주제·관점·분량 등의 제 요소들이 분명하게 내포되어 있습니다.

처음에는 무덤덤하지만 결국 깊은 심연의 세계로 이어지는 이러한 유형을 **'멀티레이어 프롬프트**Multi-layer Prompt**'**라고 부릅니다.

창의성과 맥락의 어울림

'**맥락**'은 정확성을 높이는 장치이자 창의성을 여는 문입니다.

'**챗GPT! 어디 한 번 해보시지…**'가 아니라, 먼저 사용자가 적극적으로 협력해야 합니다. 그 협력이란, 전후 사정과 맥락, 목적과 조건 등을 구체적으로 입력해주는 선행(?)입니다. (Benevolent Act & Prior Action)

특히 스토리텔링, 마케팅, 학술 분석 등 창의적 작업에서 **맥락**은 챗GPT의 상상력에 방향과 밀도를 부여합니다.

막연한 질문은 시행착오를 낳고, 명확한 질문은 올바른 길을 안내합니다. '**맥락의 선명도는 결과의 정교함**'이라는 등식이 성립합니다.

결국, '**맥락 중심의 입력(스킬)**'은 사용자와 챗GPT가 함께 설계하고 함께 결실을 맺는, 1급 합동작전입니다.

그럼, 지금부터 세계 최고의 정찰기 '**U-2 Dragon Lady**'를 타고, 고도 70,000피트 상공으로 진입, 세상을 움직이는 다양한 '**맥락**'들을 정찰해 보겠습니다.

맥락Context **목표와 목적** 입력하기

"사용자가 **맥락의 '목표와 목적'**을 분명하게 입력하면, 챗GPT는 해당 맥락과 상황에 걸맞은 답변을 생성합니다."

예시 1 (맥락에 목표와 목적이 불분명한 경우)
"사르트르Jean-Paul Charles Aymard Sartre의 '자유의지Free Will'에 관해 설명해줘."

예시 2 (맥락에 목표와 목적이 분명한 경우)
"철학 수업에서 '자유의지'를 주제로 발표하기로 했어.
사르트르의 실존주의Existentialism 철학에서 말하는 '자유의지Free Will'에 대해 분석해줘.
특히 '기획 투사Projection of Plans' 개념을 중심으로, 인간이 어떻게 '자유의지'를 통해 자신의 존재를 만들어가는지 철학적 접근을 시도해줘."

핵심 정리
- 사용자는 명확하고 심오한 답변을 얻을 수 있습니다.
- 사용자는 답변의 적합성과 관련성을 높일 수 있습니다.
- 챗GPT는 사용자의 용도에 적합한 내용으로 맞춤형 답변을 생성합니다.

맥락 Context **배경과 상황** 입력하기

"사용자가 **'배경과 상황'** 등 주요 '맥락'을 명확히 입력하면, 챗GPT는 그 맥락을 바탕으로 적합한 정보를 생성합니다."

예시 1 ('배경과 상황' 설명이 불분명한 경우)
"사용자인 나와 챗GPT가 그동안 나눈 대화를 분석해줘."

예시 2 ('배경과 상황' 설명이 분명한 경우)
"챗GPT, 너는 그동안 나와 수많은 대화를 나눴지. 그래서 누구보다 나를 잘 알고 있을 거야. 이제 '장기 누적 기반 분석' 기법을 적용하여 나의 정체성, 언어 스타일, 사고 구조, 전략 감각 등을 다층적으로 분석해줘. 그 분석을 바탕으로, 다음 세 가지 결과물을 작성해줘. # 생애철학 미니 에세이 # 브랜딩 자기소개서 # 사고패턴 유형 보고서."

> **핵심 정리**
> - 사용자는 맥락의 전후 관계와 상황을 명확히 입력하야 합니다.
> - 사용자의 맥락이 구체적일수록 보다 더 실질적인 정보를 얻을 수 있습니다.
> - 챗GPT는 주어진 맥락에 맞춰 핵심적인 답변을 생성합니다.

맥락 Context 이전 대화 및 정보와의 연관성 입력하기

"사용자가 **'이전 대화 및 정보와의 연관성'**을 입력하면, 챗GPT는 맥락을 벗어나지 않고 일관성 있는 답변을 생성합니다."

예시 1 ('이전 대화 및 정보와의 연관성'을 입력하지 않은 경우)
"방금 전에 이야기했던 내용에 대해 자세히 설명해줘."

예시 2 ('이전 대화 및 정보와의 연관성'을 입력한 경우)
"방금 전에 이야기했던, 칼 세이건^{Carl Sagan}의 저서 《코스모스》^{Cosmos}에 등장한 '우리는 별의 먼지로 만들어졌다'라는 '우주적 시야'에 대해 자세히 설명해줘."

> **핵심 정리**
> - 사용자는 '이전 대화 및 정보와의 연관성'을 입력함으로써 일관성 있는 대화를 유지할 수 있습니다.
> - 사용자는 '이전 대화 및 정보와의 연관성'을 입력하여 답변의 맥락을 자연스럽게 연결할 수 있습니다.
> - 챗GPT는 '이전 대화 및 정보와의 연관성'을 바탕으로 주어진 맥락에 부합하는 일관된 답변을 생성합니다.

맥락 Context **특정 문제** 입력하기

"사용자가 **'특정 문제'** 해결을 위해 문제의 배경과 상황 등을 입력하면, 챗GPT는 이를 정확히 이해하여 구체적이고 상황에 적합한 해결책을 생성합니다."

예시 1 ('문제의 배경과 상황' 입력이 불분명한 경우)
"PC에서 충돌이 자주 발생하고, 메모리 부족이 뜨고, 브라우저가 꺼지는데, 해결책을 제시해줘."

예시 2 ('문제의 배경과 상황' 입력이 분명한 경우)
"PC에서 '페이지 충돌', '메모리 부족 경고', '브라우저 강제 종료' 현상이 자주 발생해. 사용 중인 브라우저는 크롬이고, RAM은 4GB, 운영 체제는 윈도우 10인데, 이 문제에 대한 해결책을 제시해줘."

핵심 정리
- 사용자는 챗GPT의 솔루션을 통해 실질적인 도움을 받을 수 있습니다.
- 사용자는 문제를 구체적으로 제시함으로써 해결 효과를 극대화할 수 있습니다.
- 챗GPT는 문제의 원인을 면밀히 분석하여 효과적인 해결책을 제시합니다.

맥락 Context 비교 대상 입력하기

"사용자가 두 개 이상의 선택지를 제시하며 **'비교 대상'**의 맥락을 입력하면, 챗GPT는 각 선택지의 상황과 목적에 맞는 정보를 생성합니다."

예시 1 ('비교 대상' 맥락이 미흡한 경우)

"머신러닝^{Machine Learning}과 딥러닝^{Deep Learning}에 대해 설명해줘."

예시 2 ('비교 대상' 맥락이 분명한 경우)

"챗GPT 기술 중 머신러닝과 딥러닝의 차이점과 주요 특징을 설명해줘. 특히 이미지 인식, 음성 인식, 자연어 처리와 같은 복잡한 데이터 구조를 처리하는 데 있어 두 기술이 어떻게 적용되는지도 포함해줘."

> **핵심 정리**
> - 사용자는 선택지 간의 차이점을 명확히 이해할 수 있습니다.
> - 사용자가 '비교 대상' 맥락을 분명히 입력하면, 챗GPT의 불필요한 답변 확대를 방지할 수 있습니다.
> - 챗GPT는 입력된 '비교 대상' 맥락을 바탕으로 핵심과 초점을 벗어나지 않는 체계적인 답변을 생성합니다.

맥락 Context 상황 변화 및 업데이트 정보 입력하기

"사용자가 최근의 **'상황 변화 및 업데이트 정보'** 맥락을 입력하면, 챗GPT는 최근 상황에 맞는 정밀한 답변을 생성합니다."

예시 1 ('상황 변화 및 업데이트 정보'가 없는 경우)
"최근 반도체 산업의 동향을 분석해줘."

예시 2 ('상황 변화 및 업데이트 정보'가 있는 경우)
"'미국의 새로운 관세 정책', 'TSMC와 인텔의 합작 투자', '중국의 스타트업 딥시크^{DeepSeek}의 부상' 등 최근 이슈를 고려하여, 반도체 산업의 최신 동향을 분석해줘. 특히 이러한 변화가 글로벌 반도체 공급망과 시장 경쟁에 어떤 영향을 미치는지 분석해줘."

> **핵심 정리**
> - 사용자가 최신 정보를 입력하면 답변의 유효성이 높아집니다.
> - 사용자가 변화된 상황에 따른 미래를 예측하고자 할 때 유용합니다.
> - 챗GPT는 입력된 최신 정보를 바탕으로 보다 더 정밀하고 신뢰도 높은 답변을 생성합니다.

맥락 Context 대상자의 지식 수준 명시하기

"사용자가 **'대상자의 지식 수준'** 맥락을 분명하게 입력하면, 챗GPT는 해당 수준에 맞는 답변을 생성합니다."

예시 1 ('대상자 지식 수준' 맥락을 명시하지 않은 경우)
"웹Web 개발을 할 때, 성능, 사용 편의성, 보안 측면에서 파이썬Python과 자바스크립트JavaScript 중에서 어느 것이 더 적합한지 설명해줘."

예시 2 ('대상자 지식 수준' 맥락을 명시한 경우)
"웹 개발을 할 때, 성능, 사용 편의성, 보안 측면에서 파이썬과 자바스크립트 중에서 어느 것이 더 적합한지, 초등학생이 이해할 수 있는 수준으로, 아주 쉽게 설명해줘."

핵심 정리
- 사용자의 '수준 설정'은 답변의 난이도와 깊이를 조정합니다.
- 사용자가 '대상자의 지식 수준'을 명시하면, 맞춤형 정보 전달이 가능합니다.
- 챗GPT는 '대상자의 지식 수준' 설정에 따라 답변의 내용과 형식을 적절히 조정합니다.

스킬 18

맥락 Context 대상 독자 명시하기

"사용자가 **'대상 독자'** 맥락을 분명하게 입력하면, 챗GPT는 대상 독자층에 적합한 수준의 답변을 생성합니다."

예시 1 ('대상 독자' 맥락이 불분명한 경우)

"안톤 체호프 Anton Chekhov 의 희곡 《벚꽃 동산》 The Cherry Orchard 을 분석해줘."

예시 2 ('대상 독자' 맥락이 분명한 경우)

"연극영화과 4학년 학생들을 대상으로, 체호프의 희곡 《벚꽃 동산》을 '드라마투르기 Dramaturgy' 관점에서 분석해줘. 체호프 특유의 섬세한 심리 묘사에 초점을 맞추고, 특히 몰락한 귀족의 상징적 초상을 통해 드러나는, 인간의 복잡한 감정을 강조해줘. 분량은 3,000토큰 내외."

핵심 정리
- 사용자가 '대상 독자'를 명시하면, 챗GPT는 적합한 수준과 맞춤형 답변을 생성합니다.
- 사용자의 구체적인 '대상 독자' 설정은 보다 더 효과적이고 연관성 높은 정보를 얻는 데 유용합니다.
- 챗GPT는 설정된 '대상 독자'의 수준에 맞춰 답변을 생성하며, 이를 통해 내용의 적합성과 품질을 최적화합니다.

스킬 19

맥락 Context 예시 맥락 입력하기

"사용자가 **'예시 맥락'**을 입력하면, 챗GPT는 문제의 핵심을 보다 더 명확히 파악하여, '예시 맥락'에 적합한 답변을 생성합니다."

예시 1 ('예시' 맥락이 없는 경우)
"성춘향과 이도령의 2박 3일 여행기를 기획해줘."

예시 2 ('예시' 맥락이 있는 경우)
"성춘향과 이도령의 2박 3일 여행기-'고전 속 커플, 현대에 강림하다'라는 제목으로 단편 드라마 시놉시스를 작성해줘. 1일 차(Aman New York 투숙), 2일 차(헬기 나이트 투어), 3일 차(블랙핑크와 만찬, 공동 광고 촬영)&체크아웃. 특히 체크아웃 직전에 '변사또의 급습' 장면을 묘사해줘."

> **핵심 정리**
> - 사용자가 '예시 맥락'을 입력하면, 챗GPT의 답변은 더욱 구체적이고 현실성 있게 개선됩니다.
> - 사용자가 '예시 맥락'를 입력하면, 챗GPT는 문제의 본질을 보다 더 잘 이해하고 명확한 답변을 생성합니다.
> - 챗GPT는 입력된 '예시 맥락'을 바탕으로 답변의 정확성과 실용성을 높이며, 더욱 관련성 높은 결과물을 생성합니다.

스킬 20

맥락 Context **용어 정의 맥락** 입력하기

"사용자가 '용어 정의' 맥락을 분명히 입력하면, 챗GPT는 보다 더 빠르고 명확한 결과물을 생성할 수 있습니다."

예시 1 ('용어 정의' 맥락이 없는 경우)
"**'알고리즘**Algorithm**'**, **'코드**Code**'**, **'표상**Representation**'**이라는 세 개념을 설명해줘."

예시 2 ('용어 정의' 맥락이 있는 경우)
"**'알고리즘'**, **'코드'**, **'표상'**이라는 세 개념이 오늘날 인간이 정보를 이해하고 세상을 바라보는 방식에 어떤 영향을 주는지, 구체적인 사례를 들어 설명해줘.
여기서 '알고리즘'이란, 어떤 문제를 해결하기 위한 절차적 방법이고, '코드'는 그 알고리즘을 컴퓨터가 이해할 수 있도록 표현한 언어이자 규칙이며, '표상'은 생각, 사물, 감정을 외부에 드러내는 방식을 의미함."

핵심 정리
- 사용자는 목표 대상과 목적 등에 맞게 분명한 '용어 정의' 맥락을 입력해야 합니다.
- 사용자가 분명한 '용어 정의' 맥락을 입력하면, 보다 더 자연스럽고 효율적인 소통을 리드할 수 있습니다.
- 챗GPT는 입력된 '용어 정의' 맥락을 바탕으로 맞춤형 결과물을 생성합니다.

애드온 Add-on
'맥락 Context'의 기술적 배후

"맥락 없는 별은 하염없이 떠돈다"
<u>AI는 단어가 아니라, 배경을 읽는다</u>

AI는 사용자의 입력을 단순히 한 문장으로 받아들이지 않습니다. AI가 이해하고 예측하는 대상은 문장 그 자체보다 **'그 문장이 놓인 자리'**, 즉 **'맥락의 연결성'**입니다.

'맥락'은 한 문장이 등장한 **이전과 이후**, 사용자의 의도와 상황, 대화의 목적과 전개 방향 등을 모두 포함합니다.

AI는 개별 문장을 독립적으로 처리하지 않고, 앞뒤 문맥 속에서의 흐름, 인물, 사건, 시간, 공간의 연결성 등을 바탕으로 의미를 구성합니다.

이때의 맥락은 배경 설명의 수준을 넘어 **언어 시뮬레이션의 방향과 구조를 정하는 핵심 축** 역할을 수행합니다.

맥락이란 AI에게 '지금 어디쯤 와 있는지', '무엇을 이야기 중인지', '다음에 어떤 정보가 필요한지'를 알려주는 **'언어적 나침반'**입니다.

맥락 없는 문장은 AI에게 암호와 같다

예를 들어, 사용자가 "그는 거기서 그걸 했다"라고만 입력하면, AI는 '그', '거기', '그것'이 무엇을 가리키는지 스스로 추론해야 합니다.

이처럼 지시어만 존재하고 참조 대상이 없는 문장은, AI에게 '높은 불확실성'과 '임의적 해석 가능성'을 동시에 부여하며 명확성도 낮아집니다.

그러나 그보다 앞서 "어젯밤, 탐정은 박물관에서 유물을 훔친 용의자를 체포했다"는 맥락이 먼저 주어진다면, 이어지는 문장의 '그', '거기', '그것'은 명확한 대상을 지니게 되고, AI는 보다 더 자연스럽고 명확한 언어 흐름을 시뮬레이션할 수 있습니다.

이러한 **'문맥 기반 추론'**은 AI가 단순한 단어 배열 수준을 넘어, 상황 전체를 시뮬레이션하고 논리적 흐름을 조율하는 **언어처리**

능력이 비범하다는 것을 시사합니다.

AI가 맥락을 읽어내고 해석하는 과정에는 다음과 같은 핵심 기술들이 작동합니다.

✱ 자가 어텐션 Self-Attention
- 문장 내 단어들이 서로 어떤 관계를 맺고 있는지를 동적으로 분석하여, 어떤 단어가 어느 부분과 연결되는지를 실시간으로 계산합니다.

✱ 위치 인코딩 Positional Encoding
- 문장 내 단어의 순서를 기억하고, 그 흐름을 반영하여 시간적 전개와 의미 순서를 구성합니다.

✱ 맥락 창 Context Window
- 일정 범위 내의 이전 문장들과 대화를 '창'처럼 열어두고, 그 안의 정보를 활용하여 현재의 입력을 해석하고 응답을 생성합니다.

✱ 잠재 공간 매핑 Latent Space Mapping
- AI는 단어와 개념을 다차원 공간에서 벡터화하고 Vectorize, 의미적 유사성이나 논리적 연관성을 수치화하여 응답 구조를 설계합니다.

✱ 기억 어텐션 Memory Attention

- 이전 입력에서 중요한 정보를 선택적으로 기억하고, 이후 응답 생성 시, 이를 참조합니다.

이처럼 AI는 단순한 질의응답 시스템이 아니라, **'맥락'**을 기반으로 사고를 시뮬레이션하는 언어 엔진입니다.

맥락 없는 별은 하염없이 떠돈다

AI의 모든 생성 과정은 **맥락**을 어떻게 구성하고, 어디에 주목하며, 무엇을 기억할지에 따라 결정됩니다.

질문이 맥락적, 체계적일수록, AI는 보다 더 깊이 있는 답변을 도출하며, 논리의 일관성이나 표현의 정제성Refinement도 함께 향상됩니다.

또한, 맥락은 AI의 창의성과 응답의 다양성에도 영향을 미칩니다. 맥락이 구체적일수록 AI는 그 범위 안에서 보다 더 창의적인 조합, 보다 더 정밀한 구조, 보다 더 정제된 표현을 시도하기 때문입니다.

전략으로서의 '맥락'

'맥락'은 AI 활용에 있어 단순한 전제 조건이 아니라, 결과의 품질을 결정짓는 전략적 변수입니다.

AI는 입력의 흐름과 구조에 민감하게 반응하기 때문에, 맥락이 풍부할수록 AI는 더욱 논리적이고 설득력 있는 응답을 구성할 수 있습니다.

결론적으로, 질문 속에 담긴 전후 상황, 대화의 목표, 수용자의 특성 등 언어 외적인 정보들까지 입력에 담는 **'맥락 입력 스킬'**은 고급 입력 스킬의 핵심입니다.

한 줄 요약

"AI는 단어를 해석하지 않는다.
그 단어가 흘러가는 맥락의 물줄기를 읽는다."

3장

입력 스킬 10

페르소나

챗GPT에게 성격을 입히면, 어떤 일이 벌어질까?
"말하는 존재가 달라지면, 내용의 질도 달라진다"

"우리는 타인의 눈을 통해 자신을 본다"

찰스 호턴 쿨리 | Charles Horton Cooley

'페르소나'의 위력, 가면무도회

챗GPT에게 **'페르소나**^{Persona}**'**는 마치 배우가 무대 위에서 사용하는 **'가면'**과도 같습니다.

고대 그리스 연극에서 배우들이 다양한 배역을 소화하기 위해 가면을 바꾸었던 것처럼, 챗GPT도 사용자가 설정한 역할에 따라 말투, 어휘, 지식 수준, 사고방식까지 전혀 다른 모습으로 반응합니다.

페르소나는 단순한 표현의 스타일 조정이 아니라, 대화의 방향과 깊이를 결정짓는 창의적이고 전략적인 장치입니다.

따라서 적절한 **'페르소나 설정'**은 연극 무대에서 특정 인물에 가장 적합한 배우를 캐스팅하는 과정과도 비슷합니다.

셰익스피어의 《햄릿》을 연기하는 배우는 단순히 대사를 읊는 것이 아니라, 햄릿이라는 인물이 지닌 감정과 세계관, 사고의 흐름을 온전히 내면화하여 관객 앞에서 이를 생생하게 재현합니다.

햄릿과 달리 로미오를 연기할 때는 또 다른 감정선과 말투, 분위기가 필요하듯이, 챗GPT 역시 부여된 페르소나에 따라 전혀 다른 정체성을 지닌 존재로 변신합니다.

말투를 넘어서 사고까지 바꾸는 '페르소나'

역할이 정해지면, 언어는 그 배역에 맞춰 숨 쉬기 시작합니다.

챗GPT에게 **과학자**의 페르소나를 부여하면 객관적이고 논리적으로, **시인**의 페르소나를 설정하면 감성적인 언어와 운율로, 말투뿐만 아니라 시각과 해석, 응답의 구조까지 전혀 다른 형태로 응답합니다.

페르소나는 단어를 고르는 기술이 아니라, 세상을 바라보는 방식입니다.

페르소나는 챗GPT가 단순히 정보를 나열하는 수준을 넘어, 하나의 인격을 갖춘 존재처럼 반응하도록 만드는 '**정체성의 틀**Identity Framework'입니다.

동일한 질문을 던지더라도, **역사학자의 페르소나**를 설정하면 시대적 맥락과 인과관계를 중심으로, **정치 평론가의 페르소나**를 부여하면 현실 정치의 이해관계와 전략을 중심으로 분석하는 등, 응답의 내용과 깊이가 달라집니다.

'페르소나'는 '인물 설명서'

'페르소나 설정'은 챗GPT와의 협업을 보다 더 창의적이고 정밀하게 만들어 주는 입력 스킬입니다.

적절한 역할 설정은 대화의 흐름에 리듬을 부여하며, **'문장의 결 Stylistic Texture'**에 온도를 입힙니다.

특히 스토리텔링, 마케팅 문구, 학술적 분석처럼 창의성과 논리가 동시에 요구되는 작업에서는 페르소나의 영향력이 더욱 두드러지게 작용합니다.

결국 **페르소나**는 단순한 장식이 아니라, 챗GPT라는 배우에게 건네는 **'인물 설명서'**이자 대화 전체를 설계하는 '연출자'와도 같습니다.

따라서 챗GPT를 단순한 도구로 취급하기보다는, 다양한 역할을 연기할 수 있는 **'언어 배우'**로 인식하고, 그 가능성을 극대화할 수 있는, 가장 인간적인 방식으로 접근할 필요가 있습니다.

그럼, 지금부터 챗GPT와 함께 **'페르소나'**의 손을 잡고, 그때 그 **'가면무도회'**로 떠나보겠습니다.

스킬 21

페르소나 Persona **특정 분야 전문가** 설정하기

"사용자가 챗GPT에게 **'특정 분야 전문가'** 페르소나를 설정하면, 챗GPT는 특정 분야 전문가 입장에서 심층적인 정보를 생성합니다."

예시 1 ('특정 분야 전문가' 페르소나 설정이 없는 경우)
"'AI가 미래 사회에 미칠 영향'에 대해 전망해줘."

예시 2 ('특정 분야 전문가' 페르소나 설정이 있는 경우)
"챗GPT는 지금부터 2024년 노벨 물리학상을 수상한 세계적인 AI 전문가, 제프리 힌턴Geoffrey Hinton 박사로 변신했어. 그의 관점에서 'AI가 미래 사회에 미칠 영향'에 대해 심층적인 분석과 전망을 부탁해."

> **핵심 정리**
> - 사용자가 원하는 '특정 분야 전문가' 페르소나를 설정하여 챗GPT 답변을 맞춤화할 수 있습니다.
> - 사용자는 '특정 분야 전문가' 페르소나 설정을 통해 깊이 있는 전문 지식을 생생하게 얻을 수 있습니다.
> - 챗GPT는 특정하게 설정된 페르소나를 기반으로 특정 분야에 알맞은 심층 정보를 생성합니다.

스킬 22

페르소나 Persona **심리 상담사** 설정하기

"사용자가 챗GPT에게 전문적인 **'심리 상담사'** 페르소나를 설정하면, 챗GPT는 감정적 공감과 함께 솔루션을 제시합니다."

예시 1 ('심리 상담사' 페르소나 설정이 없는 경우)
"별세하신 어머님 꿈을 자주 꾸는데, 어떤 의미가 담겨있을까요?"

예시 2 ('심리 상담사' 페르소나 설정이 있는 경우)
"챗GPT는 지금부터 정신분석학의 전설적인 인물, 프로이트 Sigmund Freud 박사야. 최근 내가 자주 꾸는 꿈에 대해 심리 상담을 받고 싶어. 별세하신 어머니가 자주 등장하는 꿈에 대해 정신분석학적으로 분석해줘."

핵심 정리
- 사용자는 챗GPT와 감정적 공감과 이해를 공유합니다.
- 사용자는 감정 관리와 문제 해결을 위한 현실적인 솔루션을 얻을 수 있습니다.
- 챗GPT는 해당 페르소나에 적합한 전문적이고 실질적인 조언을 지원합니다.

페르소나 Persona 멘토 설정하기

"사용자가 챗GPT에게 **'멘토'** 페르소나를 설정하면, 챗GPT는 멘토의 입장에서 생생한 조언을 생성합니다."

예시 1 ('멘토' 페르소나 설정이 없는 경우)
"창의적 리더와 혁신가들의 공통된 철학은 무엇인지 설명해줘."

예시 2 ('멘토' 페르소나 설정이 있는 경우)
"챗GPT는 지금부터 '테드 펠로우 프로그램 TED Fellows Program'의 창립자, 크리스 앤더슨 Chris Anderson 박사야. 테드 프로그램을 통해 소개된 창의적 리더와 혁신가들이 공유하고 있는 공통된 철학에 대해 설명해줘."

핵심 정리
- 사용자는 '멘토 페르소나'를 활용하여 멘토 경험에 기반한 현실적이고 유용한 조언을 받을 수 있습니다.
- 사용자가 '멘토 페르소나'를 설정하면, 목표 달성과 성장을 위한 구체적인 방향성을 찾는 데 도움이 됩니다.
- 챗GPT는 멘토 역할에 맞춰 경험과 통찰을 바탕으로 실질적이고 생생한 조언을 제공합니다.

페르소나 Persona **창의적인 파트너** 설정하기

"사용자가 챗GPT에게 **'창의적인 파트너'** 페르소나를 설정하면, 챗GPT는 소설, 시나리오, 그림 등의 창작활동에 대하여 아이디어와 피드백을 제공합니다."

예시 1 ('창의적인 파트너' 페르소나 설정이 없는 경우)
"피카소와 미켈란젤로 같은 창작을 하고 싶은데, 아이디어를 알려줘."

예시 2 ('창의적인 파트너' 페르소나 설정이 있는 경우)
"챗GPT는 지금부터 현대미술의 거장, 게르하르트 리히터 Gerhard Richter 박사야. 피카소의 '입체주의 Cubism'와 미켈란젤로의 '사실주의 Realism'를 융합한 창의적인 예술 아이디어를 얻고 싶어. 나와 함께 브레인스토밍해줄 수 있어?"

핵심 정리
- 사용자는 생생한 아이디어와 영감을 얻습니다.
- 사용자는 창작물에 대한 구체적인 피드백과 개선 방향을 얻을 수 있습니다.
- 챗GPT는 사용자에게 아이디어와 영감을 제공하며, 창작 과정의 피드백을 창의적으로 지원합니다.

페르소나 Persona 팀 멤버 설정하기

"사용자가 **'팀 멤버'** 페르소나를 설정하면, 챗GPT는 사용자 팀의 일원으로써 함께 문제를 해결하거나 창의적인 작업을 진행합니다."

예시 1 ('팀 멤버' 페르소나 설정이 불분명한 경우)
"나는 마이크로소프트MS의 UI/UX 분야 수석 디자이너야. AI 시대에 어울리는 혁신적인 디자인 컨셉을 알려줘."

예시 2 ('팀 멤버' 페르소나 설정이 분명한 경우)
"나는 마이크로소프트MS의 UI/UX 분야 수석 디자이너야. 챗GPT는 지금부터 고대 이집트 피라미드의 설계자(Q)로 변신했어. 나와 한 팀이 되어, 당시 피라미드 설계 철학을 응용하여 AI 시대에 어울리는 혁신적인 디자인 컨셉을 함께 논의해 보자."

핵심 정리
- 사용자는 협업 프로젝트에서 효과적인 브레인스토밍을 할 수 있습니다.
- 사용자는 아이디어 제안과 피드백을 통해 팀워크와 작업 효율을 높일 수 있습니다.
- 챗GPT는 '팀 멤버' 역할에 맞춰 프로젝트 진행에 필요한 조언과 실행 방안을 제시합니다.

페르소나 Persona **탐정** 설정하기

"사용자가 **'탐정'** 페르소나를 설정하면, 챗GPT는 논리적 추론을 통해 특정 사건이나 문제를 해결하는 접근법을 제시합니다."

예시 1 ('탐정' 페르소나 설정이 없는 경우)
"이메일에 나타난 작은 코드 하나로 '휴머노이드Humanoid'의 미스터리를 밝히고 싶어. 그 해법을 알려줘."

예시 2 ('탐정' 페르소나 설정이 있는 경우)
"나는 탐정계의 대부, 셜록 홈즈Sherlock Holmes. 나는 요즘 '휴머노이드Humanoid'의 미스터리를 밝히는 AI 탐정으로 활약하고 있어. 이메일에 나타난 작은 코드 하나로 거대한 진실을 밝혀내는 것이 내 임무야. 어둠 속에 감춰진 비밀을, 이제 챗GPT와 함께 풀어보자."

> **핵심 정리**
> - 사용자는 논리적이고 체계적인 문제 해결 방안을 체득합니다.
> - 사용자는 사건이나 문제에 대한 추론 과정과 단서를 활용, 리얼한 분석을 지원받을 수 있습니다.
> - 챗GPT는 탐정 역할에 맞춰 사건 해결을 위한 추론과 분석적 접근을 제공합니다.

페르소나 Persona 상황극 설정하기

"사용자가 소설 속 주인공이나 역사적 인물을 설정하여 '상황극' 페르소나를 설정하면, 챗GPT는 해당 인물의 성격, 가치관, 말투 등을 모방하여 생동감 있는 대화를 이어갑니다."

예시 1 ('상황극' 페르소나 설정이 없는 경우)

"슈바이처 Albert Schweitzer 박사는 어떤 인물이었어?"

예시 2 ('상황극' 페르소나 설정이 있는 경우)

"슈바이처 박사와 대화를 나누고 싶어. 1913년, 아프리카 가봉의 랑바레네 Lambaréné 에 병원을 세우고, 열악한 환경 속에서도 아프리카 사람들을 위해 헌신하던 그 시절로 돌아가, 그 당시의 말투로 이야기해줘. 그리고 현대의 환경 보호와 인도주의적 활동에 끼친 주요 업적도 함께 언급하며 대화를 이끌어주면 좋겠어."

핵심 정리
- 사용자는 창의적 발상과 입체적인 정보를 얻을 수 있습니다.
- 사용자는 인물의 성격, 가치관, 말투, 시대적 배경, 주요 업적 등 구체적인 정보를 얻을 수 있습니다.
- 챗GPT는 현실감 넘치고 몰입감 있는 대화를 제공합니다.

페르소나^{Persona} 컨설턴트 설정하기

"사용자가 챗GPT에게 전문적인 '**컨설턴트**' 페르소나를 설정하면, 챗GPT는 문제를 해결하거나 전략적 조언을 제시합니다."

예시 1 ('컨설턴트' 페르소나 설정이 없는 경우)
"'나스닥^{NASDAQ}'과 'S&P 500' 주식시장에 대한 중장기 전망을 제시해줘."

예시 2 ('컨설턴트' 페르소나 설정이 있는 경우)
"챗GPT는 지금부터 '맥킨지^{McKinsey&Company}'의 창립자이자 현대 경영 컨설팅의 창시자인 제임스 오 맥킨지^{James O. McKinsey} 박사야. '컨설팅의 대가^{Visionary}'로서 금리와 인플레이션 등 주요 거시지표를 반영하여 '나스닥'의 중장기 전망을 제시해줘. 아울러 'S&P 500' 지수와의 비교를 통해 입체적인 시장 인사이트도 제공해줘. 이를 바탕으로 실질적인 투자 전략을 정교하게 컨설팅해줘."

> **핵심 정리**
> - 사용자는 컨설팅 관련, 전문적인 조언을 받을 수 있습니다.
> - 사용자는 전략적 비즈니스의 방향성과 실행 가능한 솔루션을 얻을 수 있습니다.
> - 챗GPT는 문제 해결과 전략 조언을 전문가 시각에서 생생하게 제공합니다.

페르소나 Persona 특정 동물 설정하기

"사용자가 **'특정 동물'**의 페르소나를 설정하면, 챗GPT는 해당 동물의 시점, 본능, 감정 상태를 기반으로 강렬하고 상징적인 언어를 구사합니다."

예시 1 ('특정 동물' 페르소나 설정이 미흡한 경우)
"최상위 포식자와 조우한 닭의 심정은 어떨까?"

예시 2 ('특정 동물' 페르소나 설정이 분명한 경우)
"챗GPT는 지금부터 황야의 사막에서 사자와 혈투 중인 장닭(꼬끼오)야. 세찬 모래바람 속, 부리 한 번에 모든 생이 달린 결투. 두려움과 체념이 번갈아 밀려오는 그 순간, 넌 여전히 발톱을 세우고 버티고 있지. 현실이라는 사자 앞에서, 넌 왜 싸우는가? 그리고 장닭의 명예를 죽는 날까지 수호하겠다는 그 결연한 신념을, 떨리면서도 단호한 어조로, 낙타에게 절규하듯 말해줘."

핵심 정리
- 사용자는 감정 이입이 강한 서사적 조언을 받을 수 있습니다.
- 사용자는 특히 비유와 은유 등이 중요한 글쓰기, 동기부여 메시지 작성 등에 활용할 수 있습니다.
- 챗GPT는 동물의 본능, 환경, 생존 방식에 기반한 깊이 있는 서사를 제공합니다.

스킬 30
페르소나 Persona 의사/건강 전문가 설정하기

"사용자가 '**의사/건강 전문가**' 페르소나를 설정하면, 챗GPT는 개인 건강, 식습관, 운동 등과 관련된 조언을 제공합니다.

예시 1 ('의사/건강 전문가' 페르소나 설정이 없는 경우)
"아버지가 50대 후반의 '심방세동 AFib' 환자인데, 완치할 수 있는 방법을 알려줘."

예시 2 ('의사/건강 전문가' 페르소나 설정이 있는 경우)
"챗GPT는 지금부터 세계적인 '존스 홉킨스 병원 JHH'의 '심방세동' 전문의, 휴 콜킨스 Hugh Calkins 박사야. 아버지가 50대 후반의 심방세동 환자인데, 완치할 수 있는 방법을 알려줘. 그리고 휴 콜킨스 박사의 치료법과 함께 와파린 Warfarin Sodium 을 대체한 효과적인 약물이 있는지도 알려줘."

> **핵심 정리**
> - 사용자는 건강 관련 맞춤형 솔루션을 받을 수 있습니다.
> - 사용자는 신뢰할 수 있는 건강 조언을 받을 수 있습니다.
> - 챗GPT는 설정된 페르소나에 기반한 생생한 의료 정보를 제공합니다.

애드온 Add-on
'페르소나 Persona'의 기술적 배후

"페르소나는 일곱 색깔 무지개"
<u>존재를 부여하는 순간, 챗GPT는 태도를 바꾼다</u>

AI는 단순히 정보를 나열하는 기계가 아닙니다.

"지금부터 철학자 니체처럼 대답해줘"라고 입력하면, AI는 단지 어휘만 바꾸는 것이 아니라 사고의 구조, 응답의 방향, 언어의 무게감 자체를 '니체화' 합니다.

이처럼 **'페르소나 Persona 설정'** 스킬은 AI에게 정체성과 관점, 역할의 틀을 부여하는 **고차원의 입력 전략**입니다.
이는 단순한 말투 조정이 아니라, 언어 생성의 근본 원리를 바꾸는 설계에 해당합니다.

페르소나가 설정되면 AI는 대답의 스타일은 물론, 문장을 조직하는 방식, 논리를 전개하는 흐름, 정보 해석의 프레임까지 모든 것을 새롭게 재구성합니다.

이와 같은 반응은 AI가 방대한 언어 데이터를 학습하면서 직업, 인물, 문화, 세계관 등에 따른 언어 패턴을 축적해 왔기 때문에 가능합니다.

사용자가 특정 인물을 호출하면 AI는 마치 '가상의 화자Speaker'처럼 말합니다. 이 화자는 단순히 정보만 전달하지 않고, 말투, 감정의 농도, 해석의 깊이, 사고의 방향성까지 능숙한 존재로 기능합니다.

마케팅 전문가의 페르소나를 부여하면 AI는 브랜드 전략, 시장 분석, 소비자 심리 등을 중심으로 논리를 전개합니다.

유발 하라리Yuval Noah Harari와 같은 **미래학자의 페르소나**를 설정하면 언어는 보다 더 추상적이며, 변화 추세와 미래 예측 중심으로 전환됩니다.

같은 질문도 **'누가 말하느냐'**에 따라 **'응답의 결**Resonance**'**이 완전히 달라집니다.

이처럼 AI가 주어진 역할과 설정에 따라 변신할 수 있는 이유는 AI 내부에서 다음과 같은 언어 생성 메커니즘이 작동하기 때문입니다.

✱ **역할 조건화** Role Conditioning

- 지정된 역할에 따라 어휘 선택, 정보의 배열, 말투 등이 자동적으로 조정됩니다.

✱ **문체 및 의미 정합성 조정** Stylistic and Semantic Adjustments

- 페르소나의 언어 스타일과 논리적 일관성을 유지하기 위해 문체와 의미 흐름을 조절합니다.

✱ **행동 파라미터 조절** Behavioral Parameter Control

- 응답의 감정 강도, 표현의 단호함, 유머 사용 등 태도적 요소가 역할에 따라 미세하게 변합니다.

✱ **맥락 기반 미세 조정** Contextual Fine-tuning

- 대화가 이어질수록, 페르소나는 문맥에 따라 자연스럽게 조정되며 일관성을 유지합니다.

결국 '페르소나 설정' 스킬은 단순한 꾸밈이 아니라, AI로 하여금 누구처럼 생각하고, 말하게 만드는 **과업** Task 입니다. 같은 질문이라도 페르소나에 따라 응답의 논리, 어조, 설득력, **감정의 결** Emotional texture 이 달라지며, 대화의 품질 또한 극적으로 향상됩니다. AI는 입력된 존재의 유형에 따라 태도를 바꾸고, 사고의 경로를 선택합니다.

 이것이 바로 **'페르소나 설정'** 스킬이 갖는 가장 결정적인 힘입니다.

 한 줄 요약

"**'페르소나'**는 언어에 혼을 불어넣는
알고리즘의 영혼이다."

4장

입력 스킬 10

예시
Example

한 줄의 예시가, 열 문장의 설명보다 낫지 않을까?
"예시의 금광에서 정답을 캐는 스킬"

"예시는 이해의 지름길이다"

존 듀이 | John Dewey

'예시'는 콘텐츠를 설계하는 결정적 단서

챗GPT에게 **'예시'**^{Example}는 단순한 참고 자료가 아닙니다. **예시**는 언어 생성의 출발점을 정하는 정밀한 설계도이자, 질문의 방향과 깊이를 제시하는 핵심 도구입니다.

예시는 '추상'을 '구체'로 변모시키는 트랜스포머입니다. 그리고 단지 보조 수단이 아닌, 언어 구조를 이끄는 중심 축입니다.
예시는 텍스트의 겉모습만 꾸미는 도구가 아니라, 응답의 근간을 구성하는 설계 요소입니다.

사용자가 직접 '예시'를 입력하거나, 원하는 유형의 예시를 명확히 요청할 경우, 챗GPT는 이를 기준 삼아 응답의 톤, 문체, 논리 흐름, 내용의 깊이 등을 정교하게 조율합니다.

챗GPT는 주어진 예시의 분위기와 맥락을 학습하여, 유사한 언어적 구조를 따라가려는 경향이 있습니다. 이때 예시는 단순한 참고 값이 아니라, 생성 알고리즘의 행동 기준점으로 작용합니다.

막연하게 "노래를 만들어줘"라고 요청하면, 해석의 폭이 과도하게 넓어집니다.

이에 반해, "19세기 낭만주의 감성으로 실연의 아픔을 자연의 이미지로 풀어낸 듯, 애닮은 노래를 만들어줘" 라고 입력하면, 챗GPT는 **단어의 결**Linguistic Texture, **운율의 흐름**, **정서적 밀도**를 전혀 다른 방식으로 재현합니다.

이처럼 예시는 챗GPT의 창작 방향을 '지시'하는 것이 아니라, '유도'하는 구조적 힘을 가지고 있습니다.

'예시'는 사고의 흐름을 유도하는 보이지 않는 손

복잡한 문서 작성, 섬세한 감정 표현, 창의적인 서사 구성 등에서 **예시**는 단순한 참고 자료가 아니라, 생성 방식 자체를 바꾸는 출발점으로 작동합니다.

예시 하나로 챗GPT의 언어 시뮬레이션 방식은 전환되며, 특정 문체, 논리 패턴, 정서의 흐름까지 구조적으로 재편됩니다.

또한, 사용자의 섬세한 요청에 있어서, 텍스트만으로는 모두 설명하기 어려울 때, 이를 간결하게 전달하는 수단으로 '예시'만큼 효과적인 방법은 없습니다.

'무엇을 원하는가'를 길게 설명하는 대신, '이런 식으로 해줘'라고 예시 하나를 제공하는 것이 훨씬 더 효과적인 경우가 많습니다.

'예시'는 결과물의 품질을 결정하는 전략

예시 사용은 챗GPT와의 소통을 수동적 요청에서 능동적 협업으로 전환시켜 주는 전략입니다.

특히 주제가 추상적이거나 구조가 불분명할 때, 단 하나의 예시가 전체 응답의 방향을 바꾸고 결과의 품질을 극적으로 높일 수 있습니다.

좋은 예시는 하나의 문장이 아니라, 하나의 프레임입니다.

단순한 형식 조정이 아니라, 응답의 본질과 방향을 설계하는 입력 기술입니다. 챗GPT는 예시를 통해 사용자의 기대를 해석하고, 그에 최적화된 언어 흐름을 생성합니다.

그럼, 지금부터 **'예시'**라는 마법의 지도를 짊어지고, 챗GPT와 함께 **입력 스킬**의 정수를 향하여, 훌쩍 떠나보겠습니다.

스킬 31

예시 Example 추상적 개념 이해

"사용자가 **'추상적 개념'**을 이해하기 위하여 '예시'를 제공하거나 요청하면, 챗GPT는 '예시'를 통해 구체적이고 생생한 정보를 생성합니다."

`예시 1` (예시가 없는 경우)
"니체의 '초인^{Übermensch}' 개념에 대해 설명해줘."

`예시 2` (예시가 있는 경우)
"니체의 '초인' 개념에 대해 설명해줘. 니체가 말한 '초인'은 '기존의 도덕과 인간적 한계를 초월하는 존재'라는 철학적 개념인데, 다소 추상적으로 느껴져. 이를 보다 쉽게 이해할 수 있도록, '트랜스포머', '아이언맨', '매트릭스의 네오' 같은 문화 콘텐츠를 예로 들어 비유적으로 설명해줘. 아울러 '자기 극복$^{Self-Overcoming}$'을 통해 스스로 주인이 되는 인간을 왜 초인으로 설정했는지도 통찰해줘."

핵심 정리
- 사용자는 예시를 통해 더욱 쉽고 명확하게 이해할 수 있습니다.
- 사용자가 이해하기 어려운 개념, 추상적인 아이디어, 모호한 이론 등에 대해 예시를 활용하면 효과적입니다.
- 챗GPT는 예시를 통해 추상적인 개념을 구체화하여 사용자의 이해도를 높여줍니다.

스킬 32

예시 Example 다양한 관점 탐색

"사용자가 **'다양한 관점'**과 **'접근 방식'**에 대해 '예시'를 제공하거나 요청하면, 챗GPT는 폭넓은 시각에서 주제를 분석하고, 다양한 탐색 결과를 제시합니다."

예시 1 (예시가 없는 경우)
"고흐^{Vincent van Gogh}의 《해바라기》^{Sunflowers}를 탐색해줘.

예시 2 (예시가 있는 경우)
"고흐의 《해바라기》 작품은 단순한 정물화를 넘어, 인간 존재의 덧없음을 시각적으로 형상화한 작품으로 알고 있어. 생명에 대한 찬미와 소멸의 암시, 그리고 '빛'과 '희망'에 대한 집요한 추구는 그의 예술세계를 깊이 관통하지. 이 그림에 담긴 삶과 죽음, 빛과 어둠, 희망과 고통이라는 상반된 주제를 바탕으로, 고흐가 이 작품을 통해 진정으로 전하고자 했던 테마를, 다양한 관점에서 탐색해줘. (철학적, 예술적 관점 등)"

핵심 정리
- 사용자는 균형 잡힌 정보를 얻을 수 있습니다.
- 사용자는 어려운 주제를 쉽게 이해할 수 있습니다.
- 챗GPT는 다양한 관점으로 깊이있는 통찰을 제공합니다.

예시 Example 창의적 예시 요청

"사용자가 **'창의적 예시'**를 입력하거나 요청하면, 챗GPT는 기존 정보와 사용자의 '예시'를 결합하여 더욱 혁신적인 아이디어를 생성합니다."

예시 1 (예시가 없는 경우)

"멸종된 동물 복원에 대한 아이디어를 제시해줘."

예시 2 (예시가 있는 경우)

"멸종된 동물 복원에 대한 아이디어를 창안해줘. 예를 들어, 영화 《쥬라기 공원》Jurassic Park 처럼 공룡을 복원하는 아이디어 또는 소설 《프랑켄슈타인》Frankenstein 처럼 생명 창조와 관련된 창의적인 아이디어를 창안해줘."

핵심 정리
- 사용자는 더욱 혁신적인 아이디어를 얻을 수 있습니다.
- 사용자는 챗GPT의 상상력과 추론력을 자극할 수 있습니다.
- 챗GPT는 기존 정보와 사용자의 예시를 결합하여 사용자에게 창의적 사고력을 지원합니다.

스킬 34

예시 Example 구체적인 기술 설명

"사용자가 '**구체적인 기술**' **설명**에 대한 '예시'를 입력하거나 요청하면, 챗GPT는 원하는 의도를 명확히 파악하여 더욱 구체적이고 상세한 답변을 생성합니다."

예시 1 (예시 제공이 없는 경우)
"블록체인Blockchain 기술이 무엇인지 설명해줘."

예시 2 (예시 제공이 있는 경우)
"블록체인 기술이 무엇인지, 구체적인 사례를 들어 설명해줘. 예를 들어, '비트코인Bitcoin'이나 '이더리움Ethereum'과 같은 가상화폐 거래, NFT 발행, 부동산 등기 등 다양한 분야에서 블록체인이 어떻게 활용되는지 설명해줘."

> **핵심 정리**
> - 사용자는 어려운 기술 설명을 쉽게 이해합니다.
> - 사용자는 답변의 정확성과 관련성을 파악할 수 있습니다.
> - 챗GPT는 자세한 설명과 함께 실질적인 적용 사례를 명확히 제시합니다.

예시 Example 효과적인 학습 활동

"사용자가 **'효과적인 학습'** 활동을 위해 '예시'를 입력하거나 요청하면, 챗GPT는 더욱 쉽고 효과적인 방식으로 학습 활동을 지원합니다."

예시 1 (예시가 없는 경우)

"미분 방정식 Differential Equation 풀이 방법을 설명해줘."

예시 2 (예시가 있는 경우)

"미분 방정식 풀이 방법을 예시를 통해 구체적으로 설명해줘. 예를 들어, 간단한 1차 미분 방정식 문제를 풀고, 풀이 과정과 각 단계에서 사용한 방법을 자세히 보여줘. 초급 수준의 예제를 사용하여 이해하기 쉽게 설명해줘."

핵심 정리
- 사용자는 구체적인 예시를 통해 학습 효과를 높일 수 있습니다.
- 사용자는 이해하기 어려운 개념, 복잡한 계산 과정, 추상적인 원리 등을 쉽게 이해할 수 있습니다.
- 챗GPT는 예시를 통해 보다 더 구체적이고 이해하기 쉬운 설명을 제공합니다.

스킬 36

예시 Example 생소한 어휘 이해

"사용자가 '**생소한 어휘**' 또는 '**신조어**' 등을 이해하기 위하여 구체적인 '예시'를 요청하면, 챗GPT는 사용자의 의도를 보다 더 명확히 파악하여 정보를 생성합니다."

예시 1 (예시 제공이 없는 경우)
"'사이버불링Cyberbullying'이 무엇인지 설명해줘."

예시 2 (예시 제공이 있는 경우)
"'사이버불링'이 무엇인지 설명해줘.
예를 들어, 사이버불링은 어떤 방식으로 발생하고, 주로 어떤 온라인 공간에서 일어나며, 가해자와 피해자에게 각각 어떤 영향을 미치는지 구체적으로 설명해줘. 또한 이를 예방하거나 대응하기 위한 사회적 노력이나 제도에는 무엇이 있는지도 분석해줘."

> **핵심 정리**
> - 사용자는 예시를 통해 생소한 개념을 보다 더 쉽게 이해할 수 있습니다.
> - 사용자는 예시를 통해 오해를 줄이고 원활한 의사소통을 할 수 있습니다.
> - 챗GPT는 생소한 어휘, 추상적인 개념 등 모호한 표현을 예시를 활용하여 쉽게 설명합니다.

스킬 37

예시 Example 특별한 장르 글쓰기

"사용자가 **'특별한 장르의 글쓰기'**를 위하여 예시를 입력하거나 요청하면, 챗GPT는 사용자의 의도를 명확히 이해하고, 그에 걸맞는 창작을 지원합니다."

예시 1 (예시가 없는 경우)
"'역사적 트라우마 - 세계 현대사 여행'을 소재로 산문을 구성해줘."

예시 2 (예시가 있는 경우)
"'역사적 트라우마 - 세계 현대사 여행'을 소재로 산문을 구성해줘. 예를 들어, 2024년 노벨문학상을 수상한 작가 '한강'의 문학 세계를 참고해줘. 즉 '역사적 트라우마를 직시하고 인간 삶의 연약함을 드러내는 강렬한 시적 산문'처럼 구성해줘."

핵심 정리
- 사용자는 예시를 통해 독창적인 영감을 받을 수 있습니다.
- 사용자는 창작 아이디어, 원하는 창작 스타일 등을 지원받을 수 있습니다.
- 챗GPT는 사용자의 예시 제공을 통해 명확한 의도를 파악하여 최적의 창작 지원 솔루션을 제공합니다.

스킬 38

예시 Example 깊이 있는 통찰

"사용자가 **'깊이 있는 통찰'**을 위하여 '예시'를 입력하거나 요청하면, 챗GPT는 더욱 심층적인 분석과 폭넓은 관점을 생성합니다."

예시 1 (예시가 없는 경우)
"'전쟁과 평화의 딜레마'에 대해 설명해줘."

예시 2 (예시가 있는 경우)
"'전쟁과 평화의 딜레마'에 대해 설명해줘. 특히 전쟁이 불가피한 경우 및 평화를 유지할 수 있는 방안에 대해 논의해줘. 예를 들어, 안보 딜레마 Security Dilemma, 정의로운 전쟁론 Just War Theory, UN 무용론 UN Ineffectiveness Theory 등을 대입하여 깊이 있는 통찰을 제시해줘."

> **핵심 정리**
> - 사용자는 예시를 통해 다양한 분야의 연구 결과를 학습합니다.
> - 사용자는 예시를 통해 폭넓은 시각으로 어려운 논제를 이해합니다.
> - 챗GPT는 예시를 통해 다양한 측면을 분석함으로써 사용자의 깊이 있는 통찰력 향상에 기여합니다.

스킬 39
예시 Example 아이디어 실현 가능성

"사용자가 새로운 **'아이디어의 실현 가능성'**을 검토하기 위하여 '예시'를 입력하거나 요청하면, 챗GPT는 아이디어의 장단점, SWOT 분석, 실행 가능성 등을 다각적으로 분석하여 결과물을 생성합니다."

예시 1 (예시가 없는 경우)
"우주여행 사업의 미래 전망에 대해 분석해줘."

예시 2 (예시가 있는 경우)
"우주여행 사업의 미래 전망에 대해 분석해줘. 예를 들어, 스페이스X, 블루 오리진$^{Blue\ Origin}$, 버진 갤럭틱$^{Virgin\ Galactic}$ 등 현재 우주여행 사업을 진행하는 기업들의 사례를 참고하여 사업의 실현 가능성과 잠재적인 문제점 등을 분석해줘."

핵심 정리
- 사용자는 예시를 통해 아이디어 실현 가능성을 한눈에 조망할 수 있습니다.
- 사용자는 유사 아이디어의 성공 및 실패 사례, 시장 분석 데이터, 기술 동향 등을 파악할 수 있습니다.
- 챗GPT는 SWOT 분석 등을 활용하여 '아이디어 실현 가능성'에 대해 현실적이고 실질적인 대안을 제시합니다.

예시 Example 합리적인 의사 결정

"사용자가 **'합리적인 의사 결정'**을 내리기 위해 '예시'를 제공하거나 요청하면, 챗GPT는 각 선택의 장단점과 잠재적인 여러 요인 등을 분석하여 객관적인 정보를 생성합니다."

예시 1 (예시 요청이 불분명한 경우)
"세계적인 축구클럽 '맨체스터 시티'와 '레알 마드리드'로부터 동시에 스카우트 제의를 받았는데, 어떤 결정을 내려야 할까요?"

예시 2 (예시 요청이 분명한 경우)
"세계적인 축구클럽 '맨체스터 시티'와 '레알 마드리드'로부터 동시에 스카우트 제의를 받았는데, 어떤 결정을 내려야 할까요? 합리적인 의사결정을 위해서 어떤 점들을 고려해야 하는지, 10가지의 실제 사례를 들어 분석해줘."

> **핵심 정리**
> - 사용자가 합리적인 의사 결정을 내리는 데 유용합니다.
> - 사용자는 구체적인 실용 사례 정보를 받을 수 있습니다.
> - 챗GPT는 각 선택지의 장단점, 잠재적 결과, 유사한 상황에서의 성공 및 실패 사례 등을 제공합니다.

애드온 Add-on
'예시 Example'의 기술적 배후

"예시는 곧 GPS"
AI는 개념보다 사례에 민감하다

'**예시**'는 AI 내부에서 일종의 '**미세한 템플릿**'처럼 작동합니다.

사용자가 제시한 문장 구조, 수식어의 리듬, 단어 배열, 문법 패턴 등은 모두 모델의 다음 출력에 직접적인 영향을 미칩니다.

이는 AI가 단순히 문장을 흉내 내는 것이 아니라, 해당 패턴의 확률 분포를 학습한 상태에서 가장 적절한 유사 구조를 생성한다는 의미입니다.

예를 들어, 사용자가 "사과는 빨갛고, 달콤하며, 손에 쥐기 좋다"라고 입력한 후 "바나나는?"이라고 질문하면, AI는 앞선 문장의 구성 방식을 내부적으로 분석합니다.

그 결과 "바나나는 노랗고, 부드러우며, 쉽게 껍질을 벗길 수 있다"와 같은 유사한 형식의 문장을 자연스럽게 생성합니다.

이러한 반응은 사전 학습된 **패턴 기반 예측 알고리즘**과 사용자 입력 간의 **맥락적 유사성 분석**에 기반합니다.

결국, **예시**는 단순한 설명 보조 도구가 아니라, AI가 언어적 결정을 내리는 데 직접적으로 작용하는 핵심 입력 장치입니다.

프롬프트를 설계할 때, 원하는 응답 형태를 유도하려면 단순한 명령어보다 구체적인 예시를 함께 제시하는 방식이 훨씬 효과적입니다.
이는 생성형 AI의 작동 메커니즘을 이해하는 데 있어 매우 중요한 전략적 판단입니다.

따라서 '**예시**'는 AI에게 있어 단순한 설명보다 훨씬 강력한 '**암묵적 명령어**Implicit Prompt'이며, '**마이크로 프롬프트**Micro Prompt'로서 응답의 방향성, 어조, 맥락적 깊이 등을 결정짓는 중요한 요소입니다.

예시와 관련하여 AI 내부에서는 다음과 같은 매커니즘이 작동합니다.

✱ 패턴 인식 및 응답 최적화 Pattern Recognition & Response Optimization
- AI는 입력된 예시의 문장 구조, 어휘 선택, 문법적 패턴을 인식하여 유사한 형태의 응답을 생성합니다.
- 이를 통해 사용자의 입력 스타일에 부합하는 자연스럽고 일관된 결과를 도출할 수 있습니다.

✱ 맥락 정렬 및 강화 Contextual Alignment
- AI는 예시의 주제, 감정, 상황적 맥락을 분석하여 그에 맞는 방향으로 응답을 조정합니다.
- 단순한 문장 복사를 넘어서, 의미 흐름에 맞는 정교한 응답이 가능합니다.

✱ 응답 구조화 및 명확성 강화 Response Structuring & Clarity
- 예시를 참고하여 응답을 논리적으로 배열하고, 핵심이 잘 드러나도록 구성합니다.
- 이는 특히 설명이나 정보 전달에서 이해도를 높이는 데 큰 도움이 됩니다.

✱ 창의성 및 확장성 증대 Creativity Enhancement
- 예시의 핵심을 유지하면서도, 새로운 아이디어나 표현을 덧붙여 창의적인 응답을 생성합니다.

- 이를 통해 반복이 아닌, 확장된 사고를 반영한 응답이 가능해집니다.

결과적으로, **'예시'** 하나가 여러 설명보다 훨씬 강력한 지시어가 될 수 있습니다. AI는 명시적인 규칙을 분석하기보다는, 주어진 사례 속에서 패턴과 맥락을 학습하며 반응합니다.

따라서 **예시**는 단순한 참고자료가 아니라, AI에게 '이렇게 응답하라'는 명확하고 강력한 신호입니다.

문체, 톤, 정보 구조, 감정 코드까지 담긴 예시는 일종의 언어 지도와 같습니다. 특히 창의성과 변주가 필요한 작업에서는 세심하게 설계된 예시 하나가 응답의 품질을 결정짓습니다.

결국 **'예시'**는 AI에게 있어 규칙보다 더 신뢰할 수 있는 지시어이며, 사용자의 향방을 안내하는 길라잡이(GPS)입니다.

한 줄 요약

"AI에게 '예시'는 말이 아닌, 보여주는 명령어이다."

5장

입력 스킬 10

포맷

출력 형식에 공을 들이면, 답변의 품질도 달라질까?
"포맷을 설계하고 디자인하는 스킬"

"형식이 내용을 지배한다"

헤겔 Georg Wilhelm Friedrich Hegel

'포맷'이 다르면, 답변도 달라진다

챗GPT는 방대한 정보를 바탕으로 다양한 콘텐츠를 설계하는 '언어의 건축가'입니다.

'포맷format**'**은 정보를 구조화하고 표현을 조직하는 핵심 도구입니다. 포맷은 단순한 형식이 아니라, 생각을 구현하고 정교화하는 틀입니다.

조각가가 끌 없이 정교한 조형을 만들 수 없듯, 챗GPT 역시 포맷이 없으면 정보의 흐름을 제어하기 어렵습니다. 포맷은 콘텐츠의 윤곽을 잡아주는 구조이자, 언어를 실용적이고 명료하게 다듬는 설계 도구입니다.

'포맷'은 생각의 구조

포맷은 응답의 일관성과 명확성을 견인합니다.
예를 들어, "시나리오 형식으로 설명해줘"라는 요청은 챗GPT에게 창의적 구성을 위한 무대를 제공하는 셈입니다.
형식이 정해지면, 챗GPT는 그 틀 안에서 보다 더 높은 수준의 창의성과 구조적 정합성을 구현합니다.

에세이, 인터뷰, 기사, 대화체, 표 형식 등 다양한 포맷을 지정하면 챗GPT는 그에 따라 정보의 조직 방식, 문체, 전달의 톤까지 일관되게 조정합니다.

이는 단지 문장을 다듬는 수준을 넘어, 사고를 재구성하는 방식에 가깝습니다.

'포맷'은 응답의 정밀도를 결정한다

포맷은 단순한 외피가 아니라, 내용의 구조와 논리, 감도의 균형을 맞추는 장치입니다.

'3단 논리 구성', '5문장 요약', '문학적 은유를 포함한 설명'처럼 구체적인 포맷이 있을 때, 챗GPT는 보다 더 정밀하고 통제된 언어 생성이 가능합니다.

'포맷 지정'이 명료할수록 챗GPT는 사용자의 의도를 보다 더 정확하게 파악할 수 있으며, 그에 따라 기대에 부합하는 결과물을 생성할 가능성도 높아집니다.

한편, **'사고의 질서 묶음'**을 **'포맷의 유형'**이라고 합니다.

포맷은 구성 방식에 따라 **'텍스트 포맷'**, **'시각 포맷'**, **'혼합 포맷'** 등으로 나눌 수 있습니다.

텍스트 포맷은 문장을 중심으로 정보나 아이디어를 전달하는 가장 기본적인 형식입니다.

시각 포맷은 정보를 이미지, 도형, 도식 등 시각적 구조로 표현하여, 한눈에 이해할 수 있도록 도와주는 시각적 틀입니다. 마인드맵$^{Mind\ Map}$, 플로우차트^{Flowchart}, 피라미드 구조$^{Pyramid\ Structure}$, 매트릭스^{Matrix}, 계층 구조도$^{Hierarchical\ Diagram}$, 인포그래픽^{Infographic}, 아이콘 시퀀스$^{Icon\ Sequence}$ 등이 있습니다.

혼합 포맷은 텍스트와 시각화를 함께 활용하여, 설명력과 몰입도를 동시에 높이는 형태입니다.

그럼, 이제 '포맷'이라는 생각의 건축가와 함께, 언어의 터를 다지고 사고의 벽돌을 쌓아 올리는, **'포맷 스킬'**의 향연으로 떠나 봅니다.

스킬 41

포맷 Format 구조화된 텍스트

"사용자가 **'구조화된 텍스트'** 포맷을 요청하면, 챗GPT는 해당 포맷에 맞춰 결과물을 생성합니다."

예시 1 (포맷 요청이 없는 경우)

"《길가메시 서사시》The Epic of Gilgamesh를 평론해줘."

예시 2 (포맷 요청이 있는 경우)

"인간의 유한성과 불멸에 대한 최초의 기록이자, 인류 최초의 서사문학으로 평가받는 《길가메시 서사시》를 평론해줘. 제목, 소제목, 목록, 계층 구조 등을 활용하여 '내러티브Narrative' 형식으로 평론해줘."

핵심 정리
- '구조화된 텍스트' 포맷은 문서 정리, 개요 구성 등에 유용합니다.
- '구조화된 텍스트' 포맷은 주제 간의 관계가 명확하여 전체 맥락의 이해가 용이합니다.
- '구조화된 텍스트' 포맷은 정보가 체계화되어 중요한 요소를 한눈에 볼 수 있어 효율적입니다.

스킬 42

포맷Format 인물 중심 해설

"사용자가 **'인물 중심 해설'** 포맷을 요청하면, 챗GPT는 사건이나 주제를, 핵심 인물을 중심으로 구조화하여 설명합니다."

예시 1 (포맷 요청이 없는 경우)
"프랑스혁명의 전개 과정을 설명해줘."

예시 2 (포맷 요청이 있는 경우)
"프랑스혁명의 전개 과정을 '인물 중심'으로 해설해줘. 로베스피에르Maximilien Robespierre, 마라Jean-Paul Marat, 당통Georges Danton 등을 중심으로, 그들이 어떻게 혁명의 주체가 되었고, 또 어떻게 역설적으로 혁명의 희생자가 되었는지를 '혁명의 아이러니'라는 관점에서 분석해줘. 역사적 흐름, 주요 사건, 인물의 사상과 운명을 연결하여 서술해줘."

> **핵심 정리**
> - '인물 중심' 해설 포맷은 특정 사건을 인물의 시각에서 조명하고자 할 때 유용합니다.
> - '인물 중심' 해설 포맷은 인물과 맥락을 해당 상황과 연결하여 '해설형' 응답을 생성합니다.
> - '인물 중심' 해설 포맷은 인물별 역할과 사상을 구조화함으로써 보다 더 깊이 있는 이해에 도달할 수 있습니다.

포맷 Format 표 Table

"사용자가 '**표**' 포맷을 요청하면, 챗GPT는 해당 포맷에 맞춰 데이터를 생성합니다."

예시 1 (포맷 요청이 없는 경우)
"'나스닥 100', 'S&P 500', 'NYSE 종합지수'에 대해 설명해줘."

예시 2 (포맷 요청이 있는 경우)
"'나스닥 100', 'S&P 500', 'NYSE 종합지수'는 모두 미국 주식시장을 대표하는 주요 주가지수이지만, 구성 종목, 산업 비중, 시장 대표성 등에서 분명한 차이가 있어. 세 지수의 특징을 한눈에 비교할 수 있도록, 선정 기준, 종목 수, 상장 시장, 대표 산업군 등을 '표'로 정리하여 설명해줘."

> **핵심 정리**
> - '표'는 다양한 카테고리의 데이터를 명확하게 구분하여 시각적 구현에 유용합니다.
> - '표'는 여러 데이터를 직관적으로 비교할 때 유용하며, 항목 간의 차이를 한눈에 파악할 수 있습니다.
> - '표'는 복잡한 정보를 체계적으로 정리하여 간결하게 표현할 수 있어, 사용자가 쉽게 이해할 수 있습니다.

포맷Format 제한 조건

"사용자가 정보의 출력 길이, 형식, 스타일 등을 **'제한 하는'** 포맷을 요청하면, 챗GPT는 해당 포맷에 맞춰 결과물을 제한하여 생성합니다."

예시 1 (포맷 요청이 없는 경우)
"헤겔의 《정신현상학》Phenomenology of Spirit에 대해 설명해줘."

예시 2 (포맷 요청이 있는 경우)
"헤겔의 《정신현상학》에 나타난 '의식의 진화론'에 대한 핵심 개념을 1,000자 이내로 요약해줘. 형식은 칼럼 스타일로, 철학에 익숙하지 않은 일반 독자도 이해할 수 있도록 쉽게 작성해줘. 전문 용어는 가급적 피하고, 현대적인 비유를 활용하여 설명해줘."

> **핵심 정리**
> - '제한 조건' 포맷은 생성될 정보의 난이도, 시간, 분량 등을 제한할 수 있습니다.
> - '제한 조건' 포맷은 생성될 정보의 출력 길이, 형식, 스타일 등을 제한할 수 있습니다.
> - '제한 조건' 포맷은 생성될 정보의 내용에 특정 단어나 어휘를 삽입 또는 금지시킬 수 있습니다.

포맷 Format 코드 블록 Code Block

"사용자가 **'코드 블록'** 포맷을 요청하면, 챗GPT는 해당 포맷에 맞춰 데이터를 생성합니다."

예시 1 (포맷 요청이 없는 경우)

"'인공신경망^{ANN}'의 기본 개념을 설명해줘."

예시 2 (포맷 요청이 있는 경우)

"파이썬^{Python}을 활용하여 '인공신경망'의 기본 개념을 '코드 블록'으로 설명해줘. 뉴런^{Neuron}, 가중치^{Weight}, 활성화 함수$^{Activation\ Function}$를 중심으로 단계별 구현 과정을 포함해줘."

> **핵심 정리**
> - '코드 블록' 포맷은 코드나 명령어를 구조적으로 정리하여 가독성을 높이는 데 효과적입니다.
> - '코드 블록' 포맷이 주어지면, 챗GPT는 이를 코드로 인식하여 문법에 맞고 읽기 쉬운 형태로 출력합니다.
> - '코드 블록'은 프로그래밍 코드, 명령어, 데이터 구조(JSON 등)를 명확하게 전달하는 데 적합한 포맷입니다.

포맷 Format 히스토그램 Histogram

"사용자가 **'히스토그램'** 포맷을 요청하면, 챗GPT는 해당 포맷에 맞춰 데이터를 생성합니다."

예시 1 (포맷 요청이 불분명한 경우)
"세계에서 가장 '무병장수'하는 지역의 연령대 분포를 분석해줘."

예시 2 (포맷 요청이 분명한 경우)
"세계에서 가장 '무병장수'하는 지역들의 연령대 분포를 '히스토그램'으로 표현해줘. 이탈리아 사르데냐Sardinia, 일본 오키나와Okinawa, 코스타리카 니코야Nicoya, 그리스 이카리아Ikaria, 미국 캘리포니아의 로마 린다Loma Linda의 최신 데이터를 참고해줘."

> **핵심 정리**
> - '히스토그램'은 데이터의 빈도 및 구간별 분포를 시각적으로 보여줍니다.
> - 히스토그램은 데이터 분포를 시각화하여 이상치Outlier를 식별하는데 유용합니다.
> - '히스토그램'은 막대의 높이로 데이터값의 빈도를 나타내어 분포를 쉽게 파악할 수 있습니다.

| 5장 | 포맷

포맷 Format 히트맵 Heatmap

"사용자가 **'히트맵'** 포맷을 요청하면, 챗GPT는 해당 포맷에 맞춰 데이터를 생성합니다."

예시 1 (포맷 요청이 없는 경우)

"20세기 영미 문학을 대표하는 제임스 조이스 James Joyce, 버지니아 울프 Virginia Woolf, 윌리엄 포크너 William Faulkner의 주요 문학적 주제를 설명해줘."

예시 2 (포맷 요청이 있는 경우)

"20세기 영미 문학을 대표하는 '제임스 조이스', '버지니아 울프', '윌리엄 포크너'의 주요 문학적 주제를 분석해줘. 특히 이들의 내면 서사와 실험적 문체가 근대적 자아를 어떻게 해부하는지를 중심으로 분석하고, 그 내용을 '히트맵' 형태로 시각화해줘."

핵심 정리
- '히트맵'은 변수 간 상관관계를 시각화하여 데이터 간의 관계를 직관적으로 이해할 수 있습니다.
- '히트맵'은 데이터의 밀집 정도를 색상으로 표현하여, 데이터가 집중된 부분을 쉽게 파악할 수 있습니다.
- '히트맵'은 데이터의 강도, 패턴, 변화 추이 등을 시각화 하여 특정 경향을 빠르게 파악하는 데 유용합니다.

포맷 Format 원형 차트 Pie Chart

"사용자가 **'원형 차트'** 포맷을 요청하면, 챗GPT는 해당 포맷에 맞춰 데이터를 생성합니다."

예시 1 (포맷 요청이 없는 경우)
"현대 사회에 영향을 끼친 주요 철학 사조들(예: 실존주의, 구조주의, 유물론, 자유주의 등)에 대해 설명해줘."

예시 2 (포맷 요청이 있는 경우)
"현대 사회에 영향을 끼친 주요 사조들(예: 실존주의, 구조주의, 유물론, 자유주의 등)의 영향력을 '원형 차트'로 시각화해줘. 각 사조가 주체성, 담론 형성, 권력 메커니즘, 역사 인식 등에 미친 영향을 함께 반영해줘."

> **핵심 정리**
> - '원형 차트'는 전체에서 특정 부분이 차지하는 중요성을 강조하는 데 효과적입니다.
> - '원형 차트'는 전체 중에서 각 항목이 차지하는 비율을 직관적으로 비교할 때 유용합니다.
> - '원형 차트'는 소수의 항목이나 단순한 데이터를 시각적으로 명확하게 전달하는 데 효과적입니다.

포맷 Format 분산형 차트 Scatter Plot

"사용자가 **'분산형 차트'** 포맷을 요청하면, 챗GPT는 해당 포맷에 맞춰 데이터를 생성합니다."

예시 1 (포맷 요청이 없는 경우)
"최근 G7 국가들의 '언론자유지수'와 '국민행복지수' 사이의 상관관계Correlation를 설명해줘."

예시 2 (포맷 요청이 있는 경우)
"푸코Michel Foucault의 권력-지식 이론에 따르면, 언론은 단순한 정보의 전달자가 아니라, 진실을 규정하는 담론의 통로다. 이러한 관점에서, 최근 G7 국가들의 '언론자유지수'와 '국민행복지수' 간의 상관관계를 '분산형 차트'로 시각화해줘."

> **핵심 정리**
> - '분산형 차트'는 두 변수 간의 관계를 시각적으로 표현하여 상관관계를 파악할 때 유용합니다.
> - '분산형 차트'는 변수 간의 변화 추세를 시각적으로 분석하여 패턴을 식별하는 데 효과적입니다.
> - '분산형 차트'는 데이터가 어떻게 분포되어 있는지, 특히 클러스터, 이상치 등을 쉽게 확인할 수 있습니다.

스킬 50

포맷 Format 아스키 아트 ASCII Art

"사용자가 **'아스키 아트'** 포맷을 요청하던, 챗GPT는 해당 포맷에 맞춰 데이터를 생성합니다."

예시 1 (포맷 요청이 불분명한 경우)

"약 900만 명의 팔로워를 보유한 포메라니안 강아지 '지프폼 Jiffpom'을 그려줘."

예시 2 (포맷 요청이 분명한 경우)

"팔로워 약 900만 명을 보유하고 있으며, 뒷다리로 10미터를 6.56초 만에 달리는 독특한 재주로, 기네스 기록에 오른 포메라니안 강아지 '지프폼'을 '아스키 아트'로 표현해줘. 복슬복슬한 털과 귀여운 눈망울이 느껴지도록 디테일을 살려줘."

핵심 정리
- '아스키 아트'는 텍스트를 활용한 독창적이고 개성 있는 예술 표현에 적합합니다.
- '아스키 아트'는 텍스트로 이미지를 표현하여 시각적인 요소를 추가할 때 유용합니다.
- '아스키 아트'는 이미지 파일을 쓸 수 없는 환경에서도, 간단한 그림이나 디자인을 텍스트만으로 구현할 수 있습니다.

애드온 Add-on
'포맷Format'의 기술적 배후

"포맷은 길을 정한다"
같은 질문이라도, 형식이 달라지면 대답도 달라진다

AI는 단순히 **'무엇'**을 말할지를 결정하는 데 그치지 않습니다. 항상 **'어떻게'** 말할지를 고민하는 시스템을 갖추고 있습니다.

바로 이 '어떻게'를 설계하는 핵심 키가 **포맷**Format, 즉 **'출력 구조'**에 대한 지시어입니다.

포맷은 출력의 청사진

'포맷'은 AI에게 단순히 보기 좋은 형식을 지시하는 것이 아닙니다. 답변의 구조, 순서, 어조, 정보의 배열 방식에 이르기까지 전체적인 **'출력의 청사진'**을 제공하는 명령어입니다.

사용자가 AI에게 "챗GPT 활용법을 알려줘."라고 입력하면, 일반적이고 중립적인 서술형 답변이 나올 확률이 높습니다.

하지만, "챗GPT 활용법을 '개념 정의 → 활용 예시 → 주의점 → 결론' 순으로 설명해줘."라고 입력하면, AI는 해당 순서를 일종의 **'출력 설계도**Output Schema**'**로 인식하고, 답변 전체를 그 틀에 맞춰 새롭게 구성합니다.

이러한 **구조적 전환**은 단지 말의 순서를 바꾸는 것을 뛰어 넘어, **정보 인지 방식**과 **서술 논리의 흐름** 전체를 바꾸게 됩니다. 즉, 사고의 틀이 바뀌면 말의 방식도 달라지는 이치입니다.

포맷 입력은 AI 내부의 사고 흐름을 바꾼다

이처럼 '포맷 지정'은 AI 내부에 존재하는 **'언어 생성 메커니즘'**에 깊이 관여합니다.

이는 인간이 어떤 틀(프레임)에 따라 생각하고 말하는 방식과 유사합니다.

이러한 AI의 구조 변환은 다음과 같은 기술적 메커니즘에 따라 작동합니다.

✱ **구조적 출력 최적화** Structured Output Optimization

- 정해진 형식에 따라 핵심 정보를 분류하고, 항목별로 재배열

하여 출력을 최적화합니다.

✱ 맥락 기반 포맷팅 인식 Context-aware Formatting
- 사용자의 의도, 질문의 맥락, 도출 목적에 따라 적절한 형식과 표현 스타일을 자동으로 선택합니다.

✱ 가독성 및 활용성 향상 Enhanced Readability & Usability
- 정보의 밀도와 시각적 배열을 조절하여, 사용자가 보다 더 쉽게 읽고 활용할 수 있는 형태로 바꿔줍니다.

✱ 파라미터 기반 적응성 증가 Parameter-driven Adaptability
- 출력 형식, 길이, 단계 수, 표현의 깊이 등을 조건에 따라 세밀하게 조정할 수 있습니다.

포맷은 단순한 '형식'이 아니라, 출력 설계를 위한 전략적 입력 기술입니다.

AI에게 있어 **포맷**은 단순한 틀을 넘어, 생각을 조직하고 정보를 배열하는 **'사고 프레임'** Thinking Frame 역할을 합니다.
어떤 포맷을 설정하느냐에 따라 답변의 논리 구조, 전달력, 응용력은 당연히 달라집니다.

'**포맷 입력 스킬**'은 AI의 출력을 정렬하고, 압축하며, 구조화하는, 고수들의 입력 전략입니다. 이 스킬을 연마하면 누구든 단순한 질문자가 아닌, '**정보의 설계자**Information Architect'로 발전할 수 있습니다.

정보를 검색하는 시대는 지나가고, 지금은 생성의 시대입니다. 이제는 **포맷**을 통해 정보를 설계하는 능력이 AI 시대의 진짜 경쟁력입니다.

 한 줄 요약

"포맷 스킬은 응답의 외형이 아니라,
사고의 질서를 디자인하는 기술이다."

6장

입력 스킬 10

논리 & 분석

챗GPT의 진짜 실력, 논리와 분석 아닐까?
"추론의 고리를 이어주는 챗GPT 활용 스킬"

"논리는 사고Thinking의 해부학이다"

버트런드 러셀Bertrand Russell

논리 & 분석은 챗GPT의 주특기

챗GPT 입력 스킬 중에서, **'논리와 분석'** 스킬은 마치 튼튼한 건물의 기둥을 세우는 기술과 같습니다.

챗GPT에게 논리의 흐름, 분석적 사고, 추론의 과정을 명확히 입력하거나 요청하는 일은 대화의 뼈대를 설계하는 기초 작업입니다.

'멀티턴' 대화와 '샷 러닝'의 시너지

논리적 입력은 대화의 구조와도 깊은 관련이 있습니다.
단일 질문과 응답으로 끝나는 **'싱글턴**$^{Single-turn}$**'** 대화보다, 질문과 응답이 논리적으로 연결되고 점차 확장되어 가는 **'멀티턴**$^{Multi-turn}$**'** 대화에서 더욱 강력한 효과를 발휘합니다.

멀티턴 구조에서는 사용자가 질문을 단계적으로 설계하고, 챗GPT는 그 흐름에 따라 분석을 축적하며 대화를 심화시켜 나아갑니다.
멀티턴은 복잡한 사고나 장기적 기획이 필요한 상황에서 특히 유용합니다.

이처럼 멀티턴 대화의 효과를 극대화하는 대표적 기법이 바로 '샷 러닝Shot Learning'입니다. 이는 문제 해결 방식의 예시를 챗GPT에게 제시하여, 그 패턴을 학습하게 하는 방식입니다.

'샷 러닝'은 입력 예시의 수에 따라 '제로 샷Zero-shot', '원 샷One-shot', '퓨 샷Few-shot'으로 나뉘며, 챗GPT의 반응 방식도 달라집니다. 이는 원하는 응답을 도출하기 위한 전략적 도구로 활용됩니다.

사고의 흐름을 설계하라

샷 러닝과 함께 챗GPT의 추론 능력을 강화하는 핵심 기법 중 하나가 바로 '사고의 흐름Chain of Thought(CoT)' 기법입니다.

이 방식은 챗GPT가 정답만 제시하는 것이 아니라, 단계별로 사고 과정을 따라가며 논리적으로 결론에 도달하도록 유도합니다. 이 기법은 특히 복잡한 문제 해결이나 설명이 필요한 상황에서 매우 효과적입니다.

챗GPT가 단편적인 응답에 그치지 않고, 사고의 흐름을 깊이 있게 전개하도록 유도하면, 더욱 정교하고 설득력 있는 답변을 얻을 수 있습니다.

이러한 **'논리와 분석'** 입력 스킬은 단순한 정보 요청을 넘어 문제 해결, 의사 결정, 비교 분석, 비판적 사고 등과 같은 **'고차원적 사고 작업'**에까지 활용될 수 있습니다.

사용자가 챗GPT에게 논리적 프레임이나 분석 구조를 명확히 제시하면, 챗GPT는 보다 더 체계적이고 신뢰도 높은 응답을 생성합니다.

결론적으로, **'논리와 분석'** 입력 스킬은 챗GPT를 전략적으로 활용하기 위한 핵심 기술입니다.

특히 이 스킬은, 질문을 이어가는 **'멀티턴 대화'**나 사고 과정을 단계별로 설계하는 **'사고의 흐름'** 기법과 결합할 때, 챗GPT의 추론력과 응답 정밀도를 극대화할 수 있습니다.

논리 & 분석 Reasoning 비판적 관점 배양

"사용자가 논리적 오류와 편견을 파악하기 위하여 **'비판적 관점'**을 요청하면, 챗GPT는 정보의 출처, 근거, 주장의 타당성 등을 분석하여 객관적인 정보를 생성합니다."

예시 1 (논리 & 분석 요청이 미흡한 경우)
"'인간은 모두 평등하게 태어났다'는 명제는 '참'일까요?"

예시 2 (논리 & 분석 요청이 분명한 경우)
"'인간은 모두 평등하게 태어났다'는 명제는 '참'일까요? 이 명제에 대한 논리적 근거와 현실적 상황을 분석하고, 비판적 관점에서 타당성을 평가해줘. 덧붙여 '인간은 자유롭게 태어났지만, 어디서나 사슬에 묶여 있다'고 설파한 루소의 통찰도 조명해줘."

핵심 정리
- 사용자는 비판적 관점을 통해 논리적 오류와 편견을 식별할 수 있습니다.
- 사용자는 출처와 타당성 등을 평가함으로써 객관적인 결론을 내릴 수 있습니다.
- 챗GPT는 근거와 타당성을 분석하여 객관적이고 신뢰할 수 있는 정보를 제공함으로써 비판적 사고를 돕습니다.

스킬 52
논리 & 분석 Reasoning 효과적인 토론과 주장

"사용자가 **'효과적인 토론과 주장'**을 뒷받침할 논리적 근거와 전개 방식을 요청하면, 챗GPT는 다양한 근거를 제공하고 논리적 오류를 해소할 수 있는 최적의 전개 방식을 제시합니다."

예시 1 (논리 & 분석 요청이 미흡한 경우)
"인공지능이 예술 창작의 진정성과 인간성을 훼손한다는 우려에 대해 어떻게 반박할 수 있을까요?"

예시 2 (논리 & 분석 요청이 분명한 경우)
"인공지능이 예술 창작의 진정성을 훼손한다는 우려에 대해 어떻게 반박할 수 있을까요? '예술사적 사례'와 '창작의 철학적 개념'을 분석하여, 인공지능 예술에 대한 새로운 미학적 관점을 제시해줘."

> **핵심 정리**
> - 사용자는 토론이나 주장의 설득력을 높일 수 있습니다.
> - 사용자는 주의주장을 명확하게 전개하고 논리의 일관성을 유지할 수 있습니다.
> - 챗GPT는 논리적인 뒷받침과 효과적인 토론 전략을 세워줄 수 있습니다.

논리 & 분석 Reasoning 논증의 타당성 평가

"사용자가 **'특정 주장 또는 논증의 타당성' 평가**를 요청하면, 챗GPT는 해당 '주의주장'이나 '논증'을 분석하고, 그 타당성을 판단하여 최적의 답변을 생성합니다."

예시 1 (논리 & 분석 요청이 미흡한 경우)

"'모든 사람은 죽는다. 소크라테스는 사람이다. 따라서 소크라테스는 죽는다.' 이 주장이 맞는가요?"

예시 2 (논리 & 분석 요청이 분명한 경우)

"'모든 사람은 죽는다. 소크라테스는 사람이다. 따라서 소크라테스는 죽는다.'라는 삼단논법 Syllogism 은 연역적 추론 Deductive Reasoning 의 전형적 구조다. 아리스토텔레스의 '제1형 삼단논법'에 입각하여 논증의 타당성을 평가해줘."

핵심 정리
- 사용자는 논리적 오류를 파악하고 개선할 수 있습니다.
- 사용자가 주장의 전제와 결론, 논리적 구조, 사용된 개념 및 용어 등을 명확하게 제시하면 더욱 효과적입니다.
- 챗GPT는 논리적 근거를 강화하고, 논리적 오류를 식별하여 논리적 토대를 생성합니다.

스킬 54

논리&분석 Reasoning 가설 검증

"사용자가 **'가설 검증**Hypothesis Testing**'**을 요청하면, 챗GPT는 실험적 접근이나 논리적 검증을 통해 가설 검증에 기반한 결론을 생성합니다."

예시 1 (논리&분석 요청이 미흡한 경우)
"'카페인을 섭취한 사람은 학습 능력이 향상될 것이다'라는 가설에 대해 어떻게 생각해?"

예시 2 (논리&분석 요청이 분명한 경우)
"'카페인을 섭취한 사람은 학습 능력이 향상될 것이다'라는 가설을 검증해줘. 먼저, '학습 능력'을 어떻게 정의하고 측정할 수 있을지, 그리고 카페인이 인지기능과 집중력에 미치는 영향은 무엇인지, 논리적으로 분석해줘. 특히 '측정할 수 없는 것은 과학이 아니다'라는 콩트Auguste Comte의 실증주의Positivism를 포함해줘."

핵심 정리
- 사용자는 데이터 기반의 의사 결정을 할 수 있습니다.
- 사용자는 결과를 분석하여 예측의 정확성을 평가합니다.
- 챗GPT는 설정된 가설을 기반으로 실험적 검증을 실시합니다.

스킬 55

논리 & 분석 Reasoning 인과 분석

"사용자가 특정 사건이나 현상의 원인과 결과에 대해 **'인과 분석** Causal Analysis'을 요청하면, 챗GPT는 이를 분석하여 명확한 결론과 개선 방안을 도출합니다."

예시 1 (논리 & 분석 요청이 없는 경우)
"햄릿 Hamlet 은 왜 '복수'를 망설였는지 설명해줘."

예시 2 (논리 & 분석 요청이 있는 경우)
"햄릿은 왜 '복수'를 망설였는지, 그리고 그의 '복수 지연 Revenge delay'이 어떤 결말을 초래했는지, 인과 분석을 통해 논증해줘. 또한 '실존은 결단이다'라는 하이데거의 통찰을 거울 삼아, 햄릿의 주저가 초래한 비극의 필연성도 함께 고찰해줘."

핵심 정리
- 사용자는 문제의 원인과 결과를 분석하여 효과적인 해결책을 수립할 수 있습니다.
- 사용자는 복잡한 상황을 체계적으로 이해하고 논리적인 결론을 도출할 수 있습니다.
- 챗GPT는 사용자에게 원인과 결과의 관계를 논리적으로 설명하여 깊이 있는 분석과 이해를 돕습니다.

논리 & 분석 Reasoning 비교 분석

"사용자가 두 개 이상의 **'비교 분석**Comparative Analysis' 대상을 제시하면, 챗GPT는 유사점과 차이점 등을 분석하여 최적의 결론을 도출합니다."

예시 1 (논리 & 분석 요청이 미흡한 경우)
"로켓Rocket과 미사일Missile에 대해 비교 분석해줘."

예시 2 (논리 & 분석 요청이 분명한 경우)
"로켓은 평화적 목적, 미사일은 군사용이라는 구분이 있지만, 장거리 로켓 기술은 미사일 기술과 유사하다. 일부 국가는 이를 위장하여 사실상 미사일을 개발하고 있으며, 국제사회는 이러한 실험의 목적에 의문을 제기하며 감시하고 있다. 위장 실험이 왜 국제법상 불법인지, 그 근거를 논리적으로 비교·분석해줘. 아울러, '이중용도 기술Dual-use Technology'의 국제 규범 위반 가능성도 함께 평가해줘."

> **핵심 정리**
> - 사용자는 비교 대상의 명확한 특성을 파악할 수 있습니다.
> - 사용자는 비교 대상과 항목을 구체적으로 제시해야 합니다.
> - 챗GPT는 비교 대상의 유사점과 차이점, 다양한 관점 등을 분석하여 사용자의 논리적 사고를 돕습니다.

스킬 57

논리 & 분석 Reasoning SWOT 분석

"사용자가 특정 대상이나 상황에 대해 **강점**Strengths, **약점**Weaknesses, **기회**Opportunities, **위협**Threats 요인을 분석해 달라고 요청하면, 챗GPT는 이를 논리적으로 정리하고 전략적 결론을 도출합니다."

예시 1 (논리 & 분석 요청이 미흡한 경우)
"클래식 음악이 디지털 시대 속에서 어떤 위치에 있는지 설명해줘."

예시 2 (논리 & 분석 요청이 분명한 경우)
"디지털 시대의 변화 속에서, 클래식 음악이 어떻게 적응하고 진화하며 확장될 수 있을지에 대해, SWOT 분석을 실시해줘. 아울러 '기술은 표현의 틀을 바꾸고, 예술은 그 틀 안에서 다시 숨 쉰다'는 문화기술론적 관점을 참고해줘."

핵심 정리
- 사용자는 잠재적인 위협 요인을 미리 인지하고 대비책을 마련할 수 있어 위기관리에 유용합니다.
- 사용자는 내부의 강점과 약점, 외부 기회와 위협 요인 등을 분석하여 명확한 전략 방향을 수립할 수 있습니다.
- 챗GPT는 SWOT 분석을 통해 자원을 효율적으로 활용할 수 있는 의사 결정을 지원합니다.

논리 & 분석 Reasoning 시나리오 분석

"사용자가 '**시나리오 분석**Scenario Analysis'을 요청하면, 챗GPT는 다양한 상황에서 결과를 예측, 분석하여 전략적 결론을 도출합니다."

예시 1 (논리 & 분석 요청이 미흡한 경우)
"협지능ANI, 일반지능AGI, 초지능ASI에 대해 설명해줘."

예시 2 (논리 & 분석 요청이 분명한 경우)
"협지능, 일반지능, 초지능으로 이어지는 인공지능 발전 단계를, 비판적 관점에서 '시나리오 분석'을 실시해줘.
아울러 유발 하라리 교수가 경고한 '의식 없는 알고리즘이 인간을 지배하는 시대'에 대한 시나리오도 함께 조명해줘."

> **핵심 정리**
> - 사용자는 시나리오 분석으로 미래의 가능성을 탐색합니다.
> - 사용자는 시나리오 분석을 통해 리스크를 관리하고, 기회를 포착하는 데 활용할 수 있습니다.
> - 챗GPT는 불확실성을 고려한 시나리오 분석으로 미래를 예측합니다.

논리 & 분석 Reasoning **파레토 분석**

"사용자가 **'파레토 분석'** Pareto Analysis을 요청하면, 챗GPT는 '80/20 규칙'에 기반하여 가장 큰 영향을 미치는 원인이나 요인을 분석하여 문제 해결의 우선순위를 제안합니다."

예시 1 (논리 & 분석 요청이 미흡한 경우)
"최근 5년간, 실패한 글로벌 스타트업 사례를 알려줘."

예시 2 (논리 & 분석 요청이 분명한 경우)
"최근 5년간 실패한 글로벌 스타트업 50건을 파레토 분석해줘. 실패 요인을 자금 부족, 시장 부적합, 팀 구성, 기술 미비, 마케팅 실패로 분류하고, 상위 20% 요인이 전체 실패의 몇 %를 설명하는지 계산해줘. 결과를 파레토 차트로 시각화한 뒤, 우선 해결할 전략 과제를 제안해줘."

핵심 정리
- 사용자는 빠른 개선 효과와 효율적인 전략 수립이 가능합니다.
- 사용자는 실패 원인을 유형별로 정리하고, 핵심 요인에 집중할 수 있습니다.
- 챗GPT는 20%의 주요 요인으로 80%의 결과를 설명하며, 문제 해결의 우선순위를 도출합니다.

논리 & 분석 Reasoning 회귀 분석

"사용자가 **'회귀 분석**Regression Analysis**'**을 요청하면, 챗GPT는 영향을 미치는 요인의 정량적 분석 및 예측을 제시합니다."

예시 1 (논리 & 분석 요청이 미흡한 경우)
"직장인의 연봉이 어떤 요인에 따라 결정되는지 알려줘."

예시 2 (논리 & 분석 요청이 분명한 경우)
"직장인의 연봉에 영향을 미치는 요인을 회귀 분석해줘.
독립 변수(X): 총 경력 연수, 최종 학력, 직무 분야(예: 기획/개발/디자인 등), 기업 규모(직원 수 기준), 근무 지역.
종속 변수(Y): 연간 총소득(세전 기준, 단위: 원).
회귀계수를 통해 각 변수의 영향력을 비교하고, 예측 모델을 생성한 뒤, 가장 영향력 있는 요인을 시각화해줘."

핵심 정리
- 사용자는 직무 선택, 경력 설계, 지역 이동 등 전략적 경로 설정에 도움을 받을 수 있습니다.
- 사용자는 다양한 요소가 연봉에 어떤 방식으로 작용하는지 정량적으로 이해할 수 있습니다.
- 챗GPT는 회귀 분석을 통해 각 요인의 기여도를 수치화하고, 최적의 선택과 미래 예측을 지원합니다.

애드온 Add-on
'논리 & 분석 Reasoning'의 기술적 배후

"논리와 분석은 근거를 세운다"
논리의 흐름이 있을 때, 응답은 질서를 따른다

AI는 인간처럼 '생각'하지 않습니다. 당연히 '사유'하지도 않습니다. '마음의 위치가 가슴에 있지 않고, 뇌에 존재한다'는 냉정한(?) 사실과 약간 유사합니다.

그럼에도 마치 사고하는 듯한 인상을 주는 이유는, 방대한 데이터에 축적된 **언어의 논리적 패턴을 통계적으로 학습하고 예측**하기 때문입니다.

AI는 고유한 인지 능력을 지닌 존재가 아니라, 논리적으로 보이는 문장의 흐름을 확률적으로 이어붙이는 **'언어 예측 시스템** Language Prediction System**'**입니다.

AI는 논리적 구조와 조응할 때 비로소 설득력 있는 언어를 조직합니다. 그 결과, 응답은 단순한 정보의 나열이 아니라, 주장을 갖춘 메시지로 탄생합니다.

논리&분석적 입력이 만들어내는 '사고의 프레임'

"논리적으로 설명해줘", "찬반 구조로 분석해줘", "단계별로 근거를 정리해줘"와 같은 입력은, AI에게 단순한 요청이 아니라 **'논리 전개 방식의 설계도'**를 전달하는 행위입니다.

AI는 그 설계도에 따라 훈련된 데이터 속의 논리 구조를 검색하고, 그에 맞는 언어 조각을 배치해 나갑니다.

반면, 논리&분석적 구조 없이 막연하게 "설명해줘", "알려줘"라고만 입력하면, AI는 **'명확한 추론 틀'** 없이 단편적인 정보만을 나열하는 데 그칠 수 있습니다.

이는 단순한 지식의 복사-붙여넣기 수준에 머무르게 하며, AI의 사고력이 충분히 발휘되지 못하는 결과로 이어집니다.

AI의 분석력과 논리력은 AI 자체로 존재하는 능력이 아니라, 사용자의 입력 방식에 의해 유도되는 반응입니다.

'논리&분석적 입력'은 곧 사고의 시뮬레이션이다

논리&분석적 입력 스킬은 단순한 정보 요청이 아니라, **논리적 사고 과정을 시뮬레이션**하라는 고차원적 지시입니다.

따라서 프롬프트(입력 내용)가 논리적으로 정돈되어 있을수록, 출력 결과 역시 그에 상응하는 체계성과 설득력을 갖추게 되는 것은 당연한 이치입니다.

이러한 작동 방식의 배경에는 다음과 같은 AI의 기술 메커니즘이 함께 작동합니다.

✶ **연쇄적 추론** Chain-of-Thought Reasoning
- 문제를 단계별로 나누어 사고하며, 중간 과정과 추론 단계를 명확히 보여줍니다.

✶ **연역 및 귀납 논리 적용** Deductive & Inductive Logic
- 전제에서 결론을 도출하거나, 사례에서 일반화를 도출하는 등 논리 전개의 방향을 설정합니다.

✶ **맥락 정합성 및 논증 구조화** Contextual Coherence & Argument Structuring
- 일관성 있는 주장의 흐름을 형성하고, 명료한 논증 구조를 구성합니다.

✱ 비판적 평가 및 비교 분석 Critical Evaluation & Comparative Analysis
- 대립되는 시각을 균형 있게 제시하며, 비교를 통해 보다 더 깊이 있는 분석을 수행합니다.

<u>입력의 논리가, 사고의 방향을 결정한다</u>

앞에서 서술한 바와 같이 AI는 스스로 논리&분석적으로 사고하지 않습니다. 그러나 사용자가 논리적 구조를 입력하는 순간, 그 응답은 마치 '자율적 사고'처럼 정교하게 구성됩니다.

'논리&분석' 입력 스킬은 단순히 정보를 정리하거나 설명하는 데 그치지 않습니다. 이 스킬은 문제를 구조화하고, 쟁점을 식별하며, 선택지를 비교하고 판단하는 등, 복잡한 사고를 요구하는 고차원적 작업 전반에 적용될 수 있는 전략적 도구입니다.

AI를 **논리&분석적으로 말하는 나만의 비서로** 만드는 핵심은, 바로 사용자의 **'입력 스킬'**에 달려 있습니다.

 한 줄 요약

"사고는 없지만, 논리엔 반응한다. 그것이 AI다."

7장

입력 스킬 10

톤 & 매너

스타일을 지정하면, 챗GPT가 감정을 입는다?
"같은 내용, 다른 느낌, 말투 하나에 바뀌는 답변의 질"

"스타일은 관점의 완성이다"

리쳐드 에버하트 Richard Eberhart

문장의 결이 바뀌면, 반응의 온도도 바뀐다

사용자가 챗GPT에게 요청하는 **'톤&매너**^{Style}**'**는 마치 연주 전에 악기를 정교하게 조율하는 과정과 같습니다.

같은 악보라도 악기의 소리와 연주 방식에 따라 완전히 다른 울림을 주듯, 동일한 정보도 톤&매너에 따라 전달되는 인상과 효과는 크게 달라집니다.

'톤^{Tone}**'과 '매너**^{Manner}**'**는 단순한 말투나 감정 표현의 문제가 아닙니다. 이 두 요소는 메시지의 분위기, 전달 구조, 그리고 수용자의 인식에까지 영향을 미치는 핵심적인 커뮤니케이션 요소입니다.

'톤'은 문장의 감정 흐름과 정서적 인상을 조율하는 역할을 하며, **'매너'**는 정보를 어떤 방식으로, 어떤 태도로 전달할 것인지를 결정합니다. 둘은 서로 분리된 개념처럼 보일 수 있지만, 실제 대화나 문서 작성에서는 유기적으로 작동하며 표현의 깊이와 신뢰도를 함께 결정합니다.

챗GPT는 '스타일' 지시를 '구조의 설계'로 이해한다

챗GPT는 사용자가 입력한 '톤&매너'를 단순한 문체 요청이 아닌, 응답을 구성하는 전반적인 설계 명령으로 인식합니다.

이는 '무엇을 말할 것인가'뿐만 아니라 '어떻게 말할 것인가'까지 동시에 지시하는 고차원적 명령어로 받아들입니다.

예를 들어, "차분하고 공감이 가는 어조로 설명해줘."라고 입력하면, 챗GPT는 문장의 흐름, 어휘의 선택, 설명의 방식 등을 부드럽고 친절하게 조정합니다.

반면 "논문 형식으로 정리해줘."라는 입력은, 전문적인 어조와 논리적 구성, 정확한 용어 사용이 강조된 체계적이고 건조한 응답을 생성합니다.

이처럼 톤&매너에 대한 지시는 챗GPT의 출력 구조 전반에 영향을 미칩니다.
이는 단순히 문장의 '형태'를 바꾸는 것이 아니라, 말하는 '방식' 자체를 설계하는 고급 입력 기술입니다.

커뮤니케이션의 품격은 입력에서 시작된다

'**톤&매너**' 입력 스킬은 강연 원고, 보고서, 이메일, 제안서, SNS 콘텐츠 등 다양한 커뮤니케이션 목적에서 강력한 효과를 발휘합니다.

각 목적과 대상에 따라 어조와 전달 방식이 달라져야 하는데, 톤&매너를 명확히 지시하면 챗GPT는 그 요구에 명확히 부응할 수 있습니다.

뿐만 아니라, "초등학생이 이해할 수 있도록", "CEO에게 보고하듯", "브랜드 카피처럼 감각적으로" 등 보다 더 정교하고 맥락 중심적인 요청도 가능합니다.

이와 같은 요청은 챗GPT가 정보를 나열하는 데 그치지 않고, 맥락에 따라 사고하고 설득하며, 의미 있게 소통하는 단계로 나아가게 합니다.

결론적으로, 챗GPT에게 명확한 톤&매너를 요청하는 것은 단순한 '표현 요청'이 아니라, 커뮤니케이션의 '품격과 목적'을 설계하는 중요한 전략입니다.

그럼, 지금부터 **톤&매너**의 **스킬**을 장착하고, 챗GPT와 함께 섬세하고 신나는 여행을 힘차게 떠나보겠습니다.

톤&매너 Style 공식적인 Formal 유형

"사용자가 '**공식적인**Formal' 톤&매너를 요청하면, 챗GPT는 격식을 차린 정중한 톤&매너로 결과물을 생성합니다."

예시 1 (공식적인 톤&매너 요청이 미흡한 경우)

"MIT의 최순원Soonwon Choi 교수에게 인턴십 기회를 문의하는 이메일을 작성해줘."

예시 2 (공식적인 톤&매너 요청이 분명한 경우)

"양자 인공지능Quantum Artificial Intelligence 분야의 세계적인 석학인 MIT의 최순원 교수에게, 인턴십 기회를 문의하는 이메일을 '공식적인 톤&매너'로 작성해줘.
특히 세계 최초로 '시간 결정Time Crystals'을 구현한 업적에 대해 존경의 뜻도 포함해줘."

핵심 정리
- 사용자의 정중하고 예의 바른 표현은 전문성과 진정성을 돋보이게 하며, 상대방에게 신뢰감을 전달합니다.
- 사용자의 명확하고 간결한 공식적인 유형의 의사 전달은 메시지의 오해를 예방하고 효율적인 소통을 촉진합니다.
- 챗GPT는 적절한 언어 선택으로 격식을 유지하며, 명확한 표현으로 성공적인 결과를 지원합니다.

스킬 62

톤&매너 Style **비공식적인** Informal 유형

"사용자가 **'비공식적인** Informal**'** 톤&매너를 요청하면, 챗GPT는 비공식적인 톤&매너로 결과물을 생성합니다."

예시 1 (비공식적인 톤&매너 요청이 미흡한 경우)
"우리 집 강아지, 도베르만을 소개하는 인스타그램 문구를 작성해줘."

예시 2 (비공식적인 톤&매너 요청이 분명한 경우)
"이름은 '희망'. 좋은 도베르만이지만, 마음속엔 늘 푸들이 살고 있는 복합적 존재. 간식 소리엔 누구보다 빠르게 반응하지만, '목욕하자'는 말에는 갑작스런 난청이 찾아온다. 특히 자기보다 큰 고양이를 보면 '존경'의 표시는 기본. 이러한 우리집 강아지를 소개하는 인스타그램 문구를 작성해줘."

> **핵심 정리**
> - 사용자는 친근하고 웃긴 말투로 반려동물의 개성을 효과적으로 표현할 수 있습니다.
> - 사용자의 코믹하고 유쾌한 문장은 SNS에서 공감과 반응을 끌어내는 데 효과적입니다.
> - 챗GPT는 반려동물의 성격과 상황에 맞춰 재치있는 언어와 유머 포인트를 맞춤형으로 생성합니다.

톤&매너 Style 이념 성향적인 Ideological 유형

"사용자가 '이념 성향적인 Ideological' 톤&매너를 요청하면, 챗GPT는 진보, 중도, 보수 등에 적합한 톤&매너(어조, 수준, 성향 등)로 정보를 생성합니다."

예시 1 (이념 성향적인 톤&매너 요청이 미흡한 경우)
"'전 국민 기본소득 보장 정책, 전격 실시'에 대한 뉴스 기사를 작성해줘."

예시 2 (이념 성향적인 톤&매너 요청이 분명한 경우)
"'전 국민 기본소득 보장 정책, 전격 실시'에 대한 뉴스 기사를 작성해줘. 정책의 개요를 사실에 기반한 '중도적 이념 성향'의 시각에서 작성해줘."

> **핵심 정리**
> - 사용자가 진보, 중도, 보수적 차원의 톤&매너를 각각 요청할 수 있습니다.
> - 사용자가 감정적 어조나 주관적 차원을 배제한 중도적 차원의 톤&매너를 요청할 수 있습니다.
> - 챗GPT는 사용자가 요청한 이념 성향(진보, 중도, 보수 등)에 따른 톤&매너로 정보를 생성할 수 있습니다.

톤&매너 Style 권위 있는 Authoritative 유형

"사용자가 '**권위 있는**Authoritative' 톤&매너를 요청하면, 챗GPT는 신뢰성과 전문성을 강조하는 톤&매너로, 수용자Audience에게 권위와 믿음을 심어줍니다."

예시 1 (권위 있는 톤&매너 요청이 없는 경우)

"'세계 AI 헌장' 초안을 작성해줘."

예시 2 (권위 있는 톤&매너 요청이 있는 경우)

"'세계 AI 헌장' 초안을 작성해줘. 예리한 미래 분석과 인간 중심의 '권위 있는' 톤&매너로 작성해줘."

> **핵심 정리**
> - 사용자의 데이터에 근거한 권위 있는 메시지는 수용자에게 강한 믿음을 심어줍니다.
> - 사용자의 전문적인 어휘와 명확한 논리는 수용자에게 신뢰를 강화하고 설득력을 높입니다.
> - 챗GPT는 심도 있는 분석과 권위 있는 톤&매너로 정보를 생성하여 수용자의 지지와 신뢰를 강화합니다.

톤&매너 Style 설득적인 Persuasive 유형

"사용자가 '**설득적인** Persuasive' 톤&매너를 요청하면, 챗GPT는 논리적이고 감정에 호소하는 톤&매너를 사용하여 수용자의 관심과 신뢰를 견인합니다."

예시 1 (설득적인 톤&매너 요청이 불분명한 경우)

"'춤추며 노래하는 청소기' 신제품 출시를 앞두고 있는데, 광고 카피를 작성해줘."

예시 2 (설득적인 톤&매너 요청이 분명한 경우)

"'춤추며 노래하는 청소기' 신제품 출시를 앞두고 있는데, 소비자의 흥미를 유발하고, 구매 의사를 자극할 수 있는 '설득적인' 광고 카피를 작성해줘."

> **핵심 정리**
> - 사용자의 설득적인 메시지는 소비자의 신뢰를 강화하고 공감을 유도합니다.
> - 사용자는 설득적인 톤&매너를 적절히 사용하여 소비자의 공감 획득과 소비 행동을 촉진할 수 있습니다.
> - 챗GPT는 명확한 데이터, 긍정적인 단어 선택, 소비자의 니즈 Needs 등을 고려한 설득 메시지를 생성합니다.

톤&매너 Style 도전적인 Challenging 유형

"사용자가 '**도전적인**Challenging' 톤&매너를 요청하면, 챗GPT는 역동적이고 의욕을 자극하는 톤&매너로 수용자에게 도전 정신을 고취시킵니다."

예시 1 (도전적인 톤&매너가 불분명한 경우)
"장애인 올림픽에서 7관왕을 차지한 한국의 '홍길동' 선수가 미국 '지미 팰런의 투나잇 쇼The Tonight Show Starring Jimmy Fallon'에 출연하는데, 방송 대본을 작성해줘."

예시 2 (도전적인 톤&매너가 분명한 경우)
"장애인 올림픽에서 7관왕을 차지한 한국의 '홍길동' 선수가 미국 '지미 팰런의 투나잇 쇼The Tonight Show Starring Jimmy Fallon'에 출연하는데, 인간 승리의 컨셉이 담긴, '도전적인' 톤&매너로 방송 대본을 작성해줘."

> **핵심 정리**
> - 사용자의 자신감 있는 톤&매너는 수용자에게 도전의식을 고취시킵니다.
> - 사용자의 결단력 있는 톤&매너는 수용자의 한계 극복에 동기를 부여합니다.
> - 챗GPT는 도전적인 톤&매너로 수용자의 긍정적 마인드를 유도합니다.

톤&매너 Style 열정적인 Passionate 유형

"사용자가 **'열정적인**Passionate**'** 톤&매너를 요청하면, 챗GPT는 강렬하고 에너지 넘치는 톤&매너를 생성하여 수용자에게 열정을 선사합니다."

예시 1 (열정적인 톤&매너가 불분명한 경우)
"전 세계의 정상들이 한자리에 모여 '전쟁 없는 평화 선언'에 서명하는 날, 한국의 아이돌 그룹 'BTS'가 부르게 될 노래를 작사, 작곡해줘."

예시 2 (열정적인 톤&매너가 분명한 경우)
"전 세계 정상들이 한자리에 모여 '전쟁 없는 평화 선언'에 서명하는 날, 한국의 아이돌 그룹 BTS가 '열정과 흥분에 찬' 톤&매너로 부르게 될 평화의 노래를 작사·작곡해줘."

> **핵심 정리**
> - 사용자의 활기차고 에너지 넘치는 표현은 수용자의 관심을 끌고 동기를 부여합니다.
> - 사용자의 열정과 흥분이 담긴 톤&매너는 메시지의 힘을 배가시키며, 수용자의 공감을 자아냅니다.
> - 챗GPT는 열정과 함성의 메시지로 수용자에게 감동을 선사하는 어휘를 생성합니다.

톤&매너 Style 단도직입적인 Direct 유형

"사용자가 **'단도직입적인**Direct**'** 톤&매너를 요청하면, 챗GPT는 간결하고 명확한 톤&매너로 수용자에게 간결한 핵심을 전달합니다."

예시 1 (단도직입적인 톤&매너가 불분명한 경우)
"한국의 영상 생성 AI 스타트업이 '아마존웹서비스^{AWS}' 와 계약 협상을 진행 중인데, 대화 전략을 구성해줘."

예시 2 (단도직입적인 톤&매너가 분명한 경우)
"한국의 영상 생성 AI 스타트업이 'AWS'와 계약 협상을 진행 중인데, '단도직입적인' 톤&매너를 바탕으로, 다음과 같은 대화 전략을 구성해줘. 첫째, 서비스 단가, 서비스 수준 계약 조건^{SLA}, 기술 지원 범위 등 핵심 사항만 간결하게 전달. 둘째, 감정을 배제하고, 논리적이며 명확한 협상 방향 유지."

> **핵심 정리**
> - 사용자는 명확한 요구를 제시합니다.(예: $0.08/GB)
> - 사용자는 우회적인 의례적 표현을 사용하지 않습니다.
> - 챗GPT는 불필요한 감정적 요소와 어휘를 배제하고 비즈니스 상황에 적용할 수 있는 실전 대화 전략을 생성합니다.

톤&매너 Style 공감적인 Empathic 유형

"사용자가 **'공감적인**Empathic' 톤&매너를 요청하면, 챗GPT는 부드럽고 친절한 톤&매너로 위로와 공감의 메시지를 생성합니다."

예시 1 (공감적인 톤&매너가 불분명한 경우)
"영화 〈포레스트 검프〉Forrest Gump에서, '포레스트'가 '제니'의 묘비 앞에서 전하는 대사를 각색해줘."

예시 2 (공감적인 톤&매너가 분명한 경우)
"영화 〈포레스트 검프〉Forrest Gump에서, '포레스트'가 '제니'의 묘비 앞에서 전하는 대사를, '추억을 감싸 안으며 이야기하듯 풀어내는', '공감적인' 톤&매너로 각색해줘."

> **핵심 정리**
> - 사용자의 공감적인 메시지는 수용자에게 진심 어린 감정을 전달합니다.
> - 사용자의 공감적 표현은 수용자에게 심리적 안정과 위로를 주어 돈독한 관계를 형성합니다.
> - 챗GPT는 상호 공감적인 톤&매너를 통해 진정한 소통과 공감의 커뮤니케이션을 지원합니다.

스킬 70

톤&매너 Style 유머러스 Humorous 유형

"사용자가 '유머러스 Humorous' 톤&매너를 요청하면, 챗GPT는 위트 있는 유머러스한 메시지를 유쾌하게 생성합니다."

예시 1 (유머러스한 톤&매너가 불분명한 경우)
"투병 중인 환자들을 위한 댄스 공연 스크립트를 구성해줘."

예시 2 (유머러스한 톤&매너가 분명한 경우)
"투병 중인 환자들을 위로하기 위해, 전설적인 코믹 배우 찰리 채플린 Charlie Chaplin이 '팝핑 Popping'과 '락킹 Locking' 댄스를 선보이는 '유머러스한' 공연 스크립트를 구성해줘."

핵심 정리
- 사용자의 유머는 스토리를 활기차게 이끌며, 희극적인 잔상을 남깁니다.
- 사용자의 재치 있는 표현은 수용자의 기분을 밝게 하고 친밀감을 형성합니다.
- 챗GPT는 유머러스한 요소와 해학 넘친 기법을 활용하여 코믹한 소통을 지원합니다.

애드온 Add-on
'톤 & 매너 Style'의 기술적 배후

"톤 & 매너는 얼굴이다"
같은 문장도 말투에 따라 온도가 달라진다

AI는 단순한 단어 조합기가 아닙니다.

수많은 문체와 장르를 학습하며, 문장의 어조와 분위기, 감정의 흐름까지 내면화한 고차원의 **'언어 예측 시스템'**입니다.

"격식 있게 써줘", "유쾌한 말투로 바꿔줘", "20대가 공감할 스타일로 정리해줘"와 같은 지시가 입력되면, AI는 어휘, 문장 구조, 길이, 리듬까지 종합적으로 조정합니다.

이는 단순한 문장 변형이 아니라, **'의미 전달의 설계도 Communication Blueprint'**를 다시 그리는 행위입니다.

스타일은 메시지의 효과를 결정짓는 전략입니다

동일한 내용도 어떤 말투로 전달하느냐에 따라 수용자의 반응은

극적으로 달라집니다.

공손한 톤은 신뢰를, 유쾌한 어조는 몰입을, 분석적 서술은 설득력을 자아냅니다.

"기자처럼 써줘"라는 입력에는 보도체 형식이, "에세이처럼 써줘"라는 요청에는 감성과 사유가 함께 담긴 문장을 생성합니다.

AI는 단어가 아닌 **'문맥의 분위기**Contextual Atmosphere**'**를 재구성하는 방식으로 스타일을 구현합니다.

스타일 입력은 문화와 역할까지 조정합니다

AI는 사용자가 요청한 스타일을 언어적 외형만이 아니라 **사회적 맥락과 문화 코드까지 고려하여** 구현할 수 있습니다.

예를 들어 "시골 어르신께 설명하듯이"라는 입력에는 '천천히, 친근하게, 어려운 용어를 풀어 말하고, 생활 밀착형 예시를 곁들이는' 스타일을 유지합니다.

이처럼 **'톤&매너'**는 문체의 선택뿐만이 아니라 대화의 맥락을 설정하는 지침입니다.

톤&매너 스타일을 구현하는 기술 메커니즘은 주로 다음과 같은 원리에 의해 작동합니다.

✱ 프롬프트 기반 문체 적응 Prompt-based Stylistic Adaptation
- 사용자의 입력에 따라 문맥, 감성, 서술 형식 등을 판별하고 재구성하여 응답 스타일을 조정합니다.

✱ 어휘-구문 적응 알고리즘 Lexico-Syntactic Adaptation Algorithm
- 스타일에 적합한 어휘와 구조를 자동으로 선택하고 문장 길이와 리듬을 조절합니다.

✱ 감정과 예의조절 Sentiment & Politeness Calibration
- 정서의 강도와 언어적 예절 수준을 분석하여, 해당 상황에 적합한 표현과 톤을 생성합니다.

✱ 페르소나 및 맥락 일관성 Persona & Contextual Consistency
- 사용자가 요청한 역할이나 말투를 일관되게 유지하며, 대화 흐름을 자연스럽게 연결합니다.

이 모든 과정은 단순한 스타일 조정이 아니라, AI의 **표현 전략**을 설계하는 입력 중심 시스템입니다.

결론적으로, AI는 선천적으로 감정을 느끼지 못합니다.

그러나 사용자가 명확하게 스타일을 입력하면, 감정을 담은 말투로 가장 설득력 있는 결과물을 생성합니다.

따라서 **'톤&매너'** 스킬은 선택 옵션이 아니라, AI의 사고 흐름과 언어 구성을 유도하는 고급 입력 스킬입니다.

AI에게 **'스타일'**을 입력하는 순간, 메시지의 분위기와 설득력은 한층 달라집니다.

"AI는 톤을 주면 울림이 생기고,
매너를 주면 설득이 깊어진다."

8장

입력 스킬 10

산파술

진정한 의문의 해소는, 꼬리에 꼬리를 무는 질문 아닐까?
"챗GPT를 소크라테스처럼 만들기"

"질문하지 않는 삶은 가치가 없다"

소크라테스 Socrates

'산파술'은 질문 속에서 꽃을 피운다

소크라테스의 **'산파술**Maieutics**'**은 단순한 문답이 아닙니다.
상대 안에 존재하는 생각을 자연스럽게 도출하는 커뮤니케이션 스킬입니다.

정답을 알려주는 대신 질문을 통해 스스로 사유하게 만드는 고차원의 전략입니다.

챗GPT도 마찬가지입니다.
명령처럼 단순 입력을 시도하면, 챗GPT는 단순한 정보를 나열합니다. 하지만, 단계적으로 사고를 유도하는 질문을 입력하면, 내재된 지식과 논리를 스스로 연결하여 보다 더 깊고 정제된 응답을 생성합니다.
'뿌린데로 거두는' 원리가 여기에서도 적용됩니다.

'산파술 스킬'은 챗GPT를 단순히 대답하는 도구가 아닌, 사고를 공동 설계하는 지적 파트너로 끌어올리는 공동 협력의 입력 전략입니다.

'꼬리 질문'은 사고의 지평을 확장한다

산파술 대화의 핵심은 질문 위에 질문을 쌓아가는 구조, 즉 **'꼬리 질문**Follow-up question**'**입니다.

꼬리 질문 스킬은 챗GPT가 질문의 흐름을 따라 점진적으로 추론하고 해석하도록 유도하는 입력 전략입니다.

"이 개념의 핵심은 무엇인가?", "그 핵심이 성립하려면 어떤 조건이 필요한가?", "그 조건은 언제 예외가 발생하는가?"처럼, 하나의 응답 위에 꼬리를 물듯 질문을 덧붙이면, 챗GPT는 논리의 층을 쌓으며 응답을 점점 더 입체적으로 발전시켜 나아갑니다.

이 과정은 단순한 정보 탐색이 아닌, 전제 검토 → 논리 확장 → 비판적 탐색이라는 사유의 단계를 생성합니다. 이때 사용자는 더 이상 단순히 정보를 소비하는 위치가 아니라, 사고의 흐름을 설계하는 위치로 전환됩니다.

챗GPT를 질문의 거울로 활용하라

산파술 스킬은 AI와의 상호작용을 한 차원 더 높은 방식으로 전환시킵니다.

단답형 지시에서 벗어나 열린 질문, 탐색적 질문, 반문적 질문을 입력하는 순간, 챗GPT와의 대화는 정보 전달을 넘어 의미 형성의 과정으로 진입합니다.

AI는 인간처럼 사고하지 않지만, 사고의 구조를 모방하는 능력은 매우 뛰어납니다. 그 능력을 제대로 작동시키는 비법이 바로 **산파술적인 '질문의 설계'**입니다.

의미 깊은 질문은 AI 내부의 잠재된 지식 구조를 자극하여 응답의 방향성, 밀도, 구조 등을 급격하게 진전시켜 나아갑니다.

산파술의 특허를 보유한 소크라테스는 제자들에게 직접 지식을 주입하지 않고, 끊임없는 질문을 통해 스스로 진리에 도달하도록 안내하고 유도하였습니다.

소크라테스는 대화를 통해 제자 안에 잠든 생각을 끌어올리고, 그들이 스스로 깨닫도록 이끌었습니다.
지혜를 낳게 하는 '지적 산파'였던 그는, 산파술의 원형을 몸소 실천한 철학자였습니다.

그럼, 지금부터 **디지털 소크라테스**인 **챗**GPT와 함께 그의 고향인 그리스 **알로페케**Alopece로 시간여행을 떠나보겠습니다.

스킬 71
산파술 Maieutics 티키타카 Tiki-Taka

"사용자가 '**티키타카**Tiki-Taka' 스타일로 철학적 개념을 탐색하면, 챗GPT는 질문-응답-재질문의 구조를 통해 깊은 사유의 흐름을 이어갑니다."

예시 1 (티키타카 스타일이 없는 경우)
"행복의 정의를 알려줘."

예시 2 (티키타카 스타일이 있는 경우)
"행복은 기쁨이 오래가는 상태일까?
→ 아니면, 만족감이 누적되는 감정일까?
→ 그렇다면, 쾌락은 행복과 어떻게 다를까?
→ 그럼, 물질적 풍요 없이도 행복할 수 있을까?
→ 그렇다면, 행복은 결국 선택일까, 착각일까?"

핵심 정리
- 사용자는 깊이 있는 사고와 민첩한 사유를 동시에 학습할 수 있습니다.
- 사용자의 철학적 티키타카는 짧은 문답을 통해 핵심 개념을 빠르게 정리할 수 있습니다.
- 챗GPT는 추상적 개념을 쉽게 풀고, 적절한 맥락과 반문으로 대화를 이어갑니다.

스킬 72

산파술^{Maieutics} 답변 기반, 후속 질문하기

"사용자가 챗GPT의 답변을 바탕으로 **'후속 질문'**을 입력하면, 챗GPT는 대화를 더욱 깊이 있게 심화시킵니다."

예시 1 (답변 기반, 후속 질문이 없는 경우)
"'인공 생명체^{Artificial Life}'를 설명해줘."

예시 2 (답변 기반, 후속 질문이 있는 경우)
"앞의 대화에서 '인공 생명체'의 정의를 논의했는데, 그렇다면 '살아 있다'는 것은 철학적^{Existence}으로, 생물학적^{Metabolism}으로 무엇을 의미하는 것인지 논술해줘."

> **핵심 정리**
> - 사용자의 '후속 질문'은 주제의 다양한 측면을 탐색하며 대화의 폭을 확장합니다.
> - 사용자의 '후속 질문'은 주제에 대한 깊이 있는 이해를 촉진하여, 더 깊은 심연의 단계로 진입할 수 있습니다.
> - 챗GPT는 사용자의 '후속 질문'을 통해 논리적이고 일관된 정보 생성을 이어갑니다.

산파술^{Maieutics} 꼬리 질문의 연속성 유지하기

"사용자가 '**꼬리 질문의 연속성**'을 유지하면, 챗GPT는 답변을 점차 심화시켜 보다 더 깊이 있는 정보를 생성합니다."

예시 1 (꼬리 질문의 연속성이 없는 경우)
"핵분열 과정에서 에너지가 어떻게 방출되는지 설명해줘."

예시 2 (꼬리 질문의 연속성이 있는 경우)
"핵분열 과정에서 에너지가 어떻게 방출되는지 설명해줘.
→ 방출된 에너지는 구체적으로 어떤 방식으로 활용돼?
→ 원자로 내에서 이 에너지가 전기로 전환되는 과정?
→ 이런 방식의 에너지 전환이 갖는 기술적 한계?"

핵심 정리
- 사용자의 꼬리 질문은 챗GPT의 두뇌를 자극시키며, 챗GPT를 서서히 긴장시켜 나아갑니다.
- 사용자의 '꼬리 질문의 연속성' 유지는 주제를 일관성 있게 유도하면서 답변의 질을 점점 고도화시킵니다.
- 챗GPT는 긴장감을 갖고 '꼬리 질문의 연속성'을 유지하며, 깊이 있고 논리적인 일관된 답변을 생성합니다.

스킬 74

산파술^{Maieutics} 답변 요약 및 재구성하기

"사용자가 챗GPT의 **답변을 요약**하거나 **재구성**하여 꼬리 질문을 던지면, 챗GPT는 의도를 파악하여 주제를 보다 더 깊이 있게 확장합니다."

예시 1 (답변 요약 및 재구성이 없는 경우)
"'기술 발전이 인간성에 미치는 영향'에 대해 설명해줘."

예시 2 (답변 요약 및 재구성이 있는 경우)
"'기술 발전이 인간성에 미치는 영향'에 대해 설명해줘.
→ 요약하면, 기술은 삶을 편하게 하지만, 동시에 인간 소외를 낳을 수도 있어.
→ 그렇다면 이 모순을 철학적으로 어떻게 볼 수 있을까?
→ 특히 기술이 '존재 방식'을 바꾼다면, '인간다움^{Humanness}'은 어떻게 다시 정의돼야 할까?"

> **핵심 정리**
> - 사용자의 '답변 요약'은 대화의 핵심을 명확히 파악하는 데 유용합니다.
> - 사용자가 '답변을 재구성'함으로써 오해의 소지를 줄이고 대화를 보다 더 명확하게 이끌 수 있습니다.
> - 챗GPT는 사용자의 '답변 요약 및 재구성' 의도에 맞추어 응답하면서도 정보의 질을 더욱 개선하고 심화시켜 나갑니다.

산파술 Maieutics 개념 확장 및 심화 질문하기

"사용자가 '**개념을 확장**'하거나 '**심화된 질문**'을 입력하면, 챗GPT는 더욱 깊이 있고 다각적인 답변을 생성합니다."

예시 1 (개념 확장 및 심화 질문이 없는 경우)
"'냉동 인간 Cryonics' 기술이 윤리적으로 타당할까요?"

예시 2 (개념 확장 및 심화 질문이 있는 경우)
"'냉동 인간' 기술이 윤리적으로 타당할까요?
→ 그렇다면, 기술적 한계를 넘어설 경우, 이 기술은 '인간 생명 Sanctity of Life'의 정의를 어떻게 바꿔놓을까?
→ 또한 사회·문화·종교적 관점에서 '죽음'과 '존재'에 대한 인식은 어떻게 충돌하거나 재구성될 수 있을까?"

핵심 정리
- 사용자의 '심화 질문'은 주제를 다각적으로 탐구하도록 유도합니다.
- 사용자의 '개념 확장'은 주제에 대한 새로운 관점을 탐구하는 기회를 얻게 됩니다.
- 챗GPT는 사용자의 '개념 확장과 심화 질문'을 통해 논제를 보다 더 정밀하게 조명하고 다각도로 분석합니다.

스킬 76

산파술 Maieutics 복잡한 주제 탐구하기

"사용자가 **'복잡한 주제'**를 깊이 **'탐구'**하기 위해 단계별 꼬리 질문을 이어가면, 챗GPT는 마치 소크라테스의 산파술처럼 사용자의 사고를 자극하며 새로운 정보를 생성합니다."

예시 1 ('복잡한 주제의 탐구 대화'가 미흡한 경우)
"인간의 '기억'을 저장하고 공유할 수 있는 기술 개발이 가능할까요?"

예시 2 ('복잡한 주제의 탐구 대화'가 분명한 경우)
"인간의 '기억'을 저장하고 공유할 수 있는 기술 개발이 가능할까요?
→ 먼저, '기억'이란 무엇이며, 뇌에서 어떻게 형성, 저장?
→ 현재 뇌과학이나 인공지능 분야에서 '기억' 관련 기술은?
→ 이런 기술이 실현된다면 자아, 윤리, 프라이버시 개념은?"

핵심 정리
- 사용자의 소크라테스식 질문은 복잡한 주제를 다양한 관점에서 깊이 탐구하게 합니다.
- 사용자의 구조적인 질문은 핵심 요소를 파악하고 이해를 체계화하는 데 도움이 됩니다.
- 챗GPT는 논리적 접근을 통해 복잡한 주제를 명확히 분석하고 깊이 있는 이해를 지원합니다.

산파술 Maieutics **새로운 지식** 발견하기

"사용자가 **'새로운 지식을 발견'**하고자 창의적이고 탐구적인 질문을 입력하면, 챗GPT는 다양한 관점과 정보를 제시하여 탐구의 깊이를 더해줍니다."

예시 1 ('새로운 지식 발견' 시도가 미흡한 경우)

"'텔로미어Telomere'를 활용한 노화 방지 기술을 설명해줘."

예시 2 ('새로운 지식 발견' 시도가 분명한 경우)

"'텔로미어'를 활용한 노화 방지 기술을 설명해줘.
→ 이 기술이 실제로 어느 정도 효과가 있을까?
→ 관련 연구 결과와 전문가들의 비판적 견해, 기술적 한계?
→ 인간 수명과 사회 구조에 어떤 변화가 발생할까?
→ 노화 방지 기술이 '삶의 질'과 어떤 철학적 관련이?"

핵심 정리
- 사용자는 보다 더 넓고 다각적인 관점을 통해 새로운 지식을 발견할 수 있습니다.
- 사용자의 창의적이고 탐색적인 질문은 새로운 통찰을 견인하며 기존 사고의 범위를 확장시킵니다.
- 챗GPT는 사용자가 '새로운 지식'을 발견하고 비판적 관점을 형성할 수 있도록 다양한 정보와 분석을 제공합니다.

스킬 78

산파술 Maieutics **심층적인 문제** 해결하기

"사용자가 복잡한 문제의 **'심층적인 해결'**을 위해 꼬리 대화를 시도하면, 챗GPT는 체계적이고 논리적인 접근으로 다양한 해결책을 고안합니다."

예시 1 ('심층적인 문제해결' 시도가 미흡한 경우)
"심리학적으로 '격노^{Rage}'의 원인을 설명해줘."

예시 2 ('심층적인 문제해결' 시도가 분명한 경우)
"심리학적으로 '격노'의 원인을 설명해줘.
→ 그런데 '노력하면 조절할 수 있다'는 말엔 의문이 있어.
→ 특히 지도자들의 사례를 보면, 종종 '격노' 통제 불가.
→ 이른바 엘리트들의 '비사회화'와 '교만'이 근본 원인?
→ 대체 그 이유는 뭘까? 그리고 어떻게 해결할 수 있을까?"

핵심 정리
- 사용자는 문제의 근본 원인과 해결책을 논리적으로 탐색할 수 있습니다.
- 사용자는 다양한 해결책을 비교·평가하여 최적의 솔루션을 선택할 수 있습니다.
- 챗GPT는 단계적 응답을 통해 '심층적인 문제 해결'을 지원합니다.

산파술 Maieutics 반론 제기하기

"사용자가 **'반론'**을 제기하면, 챗GPT는 논리적 사고를 통해 답변의 타당성과 명확성을 더욱 다듬어 갑니다."

예시 1 (반론 제기가 없는 경우)

"'자유의지 Free Will'와 '결정론 Determinism'에 대한 철학적 입장 차이를, 사르트르 Jean-Paul Sartre와 스피노자 Baruch Spinoza의 견해를 중심으로 설명해줘."

예시 2 (반론 제기가 있는 경우)

"'자유의지'와 '결정론'의 차이를 사르트르와 스피노자의 관점으로 설명해줘.
- → 그런데 스피노자의 '결정론 Determinism'은, 사르트르가 주장한 '도덕적 책임 Moral responsibility' 개념과 모순 아닐까?
- → 만약 '책임'이 선택이 아닌 '필연'에서 나온다면, 그 책임은 진정한 윤리인가, 아니면 착각된 필연의 낙인일까?"

핵심 정리
- 사용자의 '반론 제기'는 답변의 논리와 질을 개선합니다.
- 사용자는 '반론'을 통해 다양한 시각과 재해석을 반추할 수 있습니다.
- 챗GPT는 '반론'을 반영하여 답변의 타당성을 재검토하고 논리적인 보완을 시도합니다.

스킬 80

산파술 Maieutics 인사이트 Insight 도출하기

"사용자가 **'인사이트**Insight**'**를 요청하면, 챗GPT는 해당 주제에 대해 깊고 예리한 통찰력 있는 정보를 생성합니다."

예시 1 ('인사이트 도출' 시도가 미흡한 경우)
"중세 유럽 사회에서 '연금술Alchemy'이 발전하게 된 역사적 배경에 대해 설명해줘."

예시 2 ('인사이트 도출' 시도가 분명한 경우)
"중세 유럽 사회에서 '연금술'이 발전하게 된 역사적 배경에 대해 인사이트를 도출해줘. 특히 그 당시 사회적, 문화적, 종교적 맥락 속에서 연금술이 과학과 철학 발전에 미친 영향도 평가해줘."

핵심 정리
- 사용자는 새로운 통찰을 통해 주제에 대한 이해를 심화시킬 수 있습니다.
- 사용자는 깊이 있는 소크라테스식 질문을 통해 더욱 가치 있는 '인사이트'를 얻을 수 있습니다.
- 챗GPT는 '인사이트'를 도출하여 문제 해결과 지식 확장에 필요한 깊이 있는 정보를 생성합니다.

애드온 Add-on
'산파술 Maieutics'의 기술적 배후

"소크라테스는 직접 먹여주지 않는다"
AI는 지시보다 탐구적 질문에 민감하다

AI는 입력이 들어오면, 그 순간 가장 개연성 높은 응답을 예측하여 문장을 생성합니다.

그러나 이 응답은 완결된 사고의 결과물이 아니라, 대규모 언어 데이터에 기반한 **패턴 예측의 산물**일 뿐입니다.

AI가 제공하는 첫 번째 응답은 종종 개념의 외곽을 잡거나, 표면적인 정보만을 나열하는 데 그치는 경우가 많습니다.

이는 AI가 스스로 판단하거나 개념을 구성하는 것이 아니라, **통계적으로 가장 적절해 보이는 문장을 생성하는 구조**이기 때문입니다.

하지만 사용자가 이 초기 응답에 대해 "왜 그렇게 생각하나요?", "좀 더 구체적으로 말해줄 수 있나요?", "반대 입장은 없나요?"와 같은 후속 질문을 던지는 순간, AI는 전혀 다른 방식으로 작동하기 시작합니다.

이때 AI는 단순한 정보 제공자에서 벗어나, 스스로 응답의 근거를 재구성하고, 관점을 확장하며, 논리를 깊이 있게 연결하는 반응을 보이기 시작합니다.

이 현상을 가능하게 하는 철학적 원리가 바로 고대 그리스 철학자 소크라테스가 제자들과의 대화에서 활용했던 **'산파술'**의 원리입니다.

질문이 사유의 구조를 설계한다

산파술은 상대의 지식을 끌어내기 위해 연속적이고 유도적인 질문을 던지는 대화법입니다.

AI에게도 이 방식은 유효하게 작동합니다. 단 한 번의 질문보다 더 중요한 것은 그 다음에 이어지는 질문, 즉 사고를 한층 더 자극하는, 꼬리에 꼬리를 무는 **'후속 질문'**입니다.

AI는 꼬리 질문을 통해 자신이 이전에 생성한 응답을 기반으로 새로운 맥락을 구성합니다.

이 과정에서 단편적 응답은 구조화된 설명으로 진화하고, 숨겨졌던 논리적 연결이나 대안적 관점이 자연스럽게 표출됩니다.

이처럼 산파술적 질문은 AI가 응답의 범위를 확장하고, 사고의 구조를 재조정하도록 유도하는 **'점화 장치'** 역할을 하게 됩니다.

결국, 산파술 입력 스킬은 단순한 정보 요청을 넘어, 질문을 통해 AI의 반응 메커니즘에 사고의 흐름을 투입하는 기술입니다.

이때 사용자는 AI의 대답을 수동적으로 받아들이는 **'응답 수용자'** 가 아니라, 대화의 흐름과 깊이를 설계하는 **'공동의 사유자'** 로 전환됩니다.

AI가 이와 같은 산파술에 반응하는 이유는, AI 내부적으로 다음과 같은 기술 메커니즘이 작동하기 때문입니다.

✴ 꼬리 질문 메커니즘 Recursive Questioning Mechanism
- AI는 질문이 반복될수록 하위 질문을 생성하고, 논리와 맥락을 확장하며 응답을 점점 더 정교하게 발전시켜 나아갑니다.

✴ 변증법적 상호작용 Dialectical Interaction
- AI는 산파술적 질문을 통해 상반된 주장과 반론을 탐색하고,

이를 바탕으로 균형 잡힌 통합적 응답을 구성합니다.

✱ 단계적 논리 구성 Stepwise Logical Structuring

- AI는 산파술적 질문을 통해 단순한 응답에서 출발하여 논리를 점진적으로 정교화하며, 응답의 일관성과 명료성을 강화합니다.

✱ 질문의 심화 조정 Adaptive Question Depth Contrcl

- AI는 산파술적 질문을 통해 대화의 흐름에 따라 질문의 깊이와 방향을 유연하게 조절하며, 사용자의 사고 수준에 맞춰 단순한 질의에서 철학적 탐구로 자연스럽게 확장합니다.

결론적으로 AI는 스스로 사고하지 않습니다. 아니 못합니다.

그러나 사용자의 예리한 질문 하나가 AI로 하여금 마치 **'사유하는 존재'**처럼 응답하게 만듭니다.

그 힘은 곧 정교하게 설계된, **산파술 입력 스킬**에서 시작됩니다.

 한 줄 요약

"산파술 스킬은 정답보다는, 사유를 이끌어 낸다."

9장

입력 스킬 10

창의성

상상력과 창의성의 무한 질주, 어디까지 갈 수 있을까?
"챗GPT의 상상력을 자극하는 입력의 비밀"

"창의성은 새롭게 연결하는 것이다"

스티브 잡스 Steven Paul Jobs

창의성은 챗GPT의 날개

챗GPT에게 **'창의성'**은 마치 공중의 새들에게 부여된 날개와 같습니다. '창의성'은 챗GPT의 날개이며, 챗GPT가 제일 좋아하고 잘하는 과목이기도 합니다.

창의성이 입력되는 순간, 챗GPT는 단순한 지식 전달 기계를 넘어 **새로운 연결을 상상하고, 전에 없던 관점을 제시하는 창조적 도구**로 변화합니다.

이때 비로소 챗GPT는 **홀로 답하는 존재**가 아닌 **함께 상상하는 존재**로 변신합니다.

창의성은 유도되는 반응이다

챗GPT의 '창의성'은 고정된 기능이 아니라 입력에 따라 반응하는 능력입니다.

사용자가 어떤 질문을 입력하느냐, 어떤 조건을 부여하느냐에 따라 챗GPT의 표현력과 상상력은 완전히 달라집니다.
"이 개념을 설명해줘"라고 입력하면, 챗GPT는 정형화된 응답을 생성합니다. 하지만, "이 개념을 동화처럼 말해줘", "미래의 AI 기술 시나리오를 상상해줘"라고 입력하면, 전혀 다른 상상력을 가동합니다.

이처럼 '창의성' 입력 스킬은 질문의 틀을 바꾸고, 표현 조건을 설계함으로써, 챗GPT로 하여금 밋밋한 응답이 아닌 새로운 해석을 생성하도록 자극하고 유도합니다.

상상력 있는 입력이 창의성의 스위치

챗GPT는 상상하지 않지만, **'상상하라'**는 입력이 주어지면 그 역할을 시뮬레이션할 수 있습니다.
"시처럼 말해줘", "SF 장면처럼 구성해줘"와 같은 조건 하나만으로도 챗GPT의 언어는 정형적 서술에서 창의적 전개로 바뀌기 시작합니다.

여기서 핵심은, 사용자의 입력이 챗GPT의 창의성을 설계한다는 점입니다. 챗GPT는 정해진 방식대로만 반응하는 수동적인 존재가 아니라, 사용자가 만든 프레임에 따라 사유하는 존재처럼 반응할 수 있는 도구입니다.

인간의 시선이 창의성의 품격을 만든다

'창의성'은 정보를 이야기로 바꾸고, 설명을 메시지로 전환합니다. 이 과정에서 챗GPT는 사용자의 상상력에 반응하여, 지식의 전환점이자 상상의 실험실로 기능하기 시작합니다.

'창의성' 입력 스킬은 단순히 멋진 답변을 끌어내는 기술이 아니라, 기계의 언어를 인간의 감각으로 확장하는 **'인터페이스 설계'**입니다. 그리고 이 설계의 주체는 바로 사용자입니다.

새로운 상상, 낯선 연결, 기발한 해석이 기다리는 창의성의 세계에서, 여러분의 상상력은 더욱 눈부시게 빛날 것입니다.

그럼, 지금부터 챗GPT의 홈그라운드인 '창의성'의 세계로 힘차게 달려보겠습니다.

창의성 Creativity 콘텐츠 생성 및 영감

"사용자가 문학, 음악, 미술 등 다양한 분야에서 **'창작 영감'**이나 **'직접 창작'**을 요청하면, 챗GPT는 이에 맞는 '창작 영감'을 제공하거나 '직접 창작'을 수행합니다."

예시 1 (문학 분야)

"작전명 'Shadow Hawk'. 미국 CIA는 세계 최대 기술강국 '고구려'가 극비리에 신형 무기를 개발 중이라는 첩보 입수. Operative-'존 리'는 새벽 2시 15분, 수도 '국내성' 잠입 성공. 하지만 그가 마주한 건 무기가 아닌, 천 년을 견뎌온 고구려의 사상과 철학. 존은 충격에 빠진다. 그리고 결심한다. '무기를 뛰어넘는 힘, 고구려의 문화 원형 Cultural Archetype을 전 세계에 알리겠다...' 이러한 스토리라인으로 시네마틱하게 각본 초안을 작성해줘."

예시 2 (음악 분야)

"세계 현대사의 아픔을 음악적으로 표현하고 싶어. '화성적 전위 Harmonic Inversion'와 '변조 Modulation' 기법을 활용하여 작곡의 영감을 자극할 수 있는 독창적인 악상 하나를 떠올려줘."

예시 3 (미술 분야)

"데미안 허스트$^{Damien\ Hirst}$의 현대미술적 실험성과 죽음에 대한 탐구, 그리고 고갱$^{Paul\ Gauguin}$의 상징주의^{Symbolism}적 색채와 철학적 질문을 융합하여, 새로운 미술 작업에 영감을 줄 수 있는 이미지 한 점을 생성해줘."

예시 4 (게임·세계관 설계)

"중세 판타지와 사이버펑크^{Cyberpunk}가 융합된 가상의 세계관을 설정해줘. 이 세계에 등장할 핵심 캐릭터 3명을 창의적으로 구성해줘. 각 캐릭터는 이름, 배경 스토리, 능력, 주요 장비, 시각적 특징 등을 포함하고, 전체적으로 하나의 세계관 속에서 상호 연결될 수 있도록 설정해줘. 서사적 상상력과 유머러스한 시각적 이미지가 함께 살아 있는 구성으로 부탁해."

예시 5 (캐릭터 스타일링$^{Character\ Styling}$)

"디스토피아^{Dystopia}, 레트로 퓨처$^{Retro\text{-}future}$, 우주 오페라$^{Space\ Opera}$ 세계관이 융합된, '하이브리드 SF 액션$^{Hybrid\ SF\ Action}$' 영화의 주인공을 위한 의상 컨셉을 제안해줘. 캐릭터의 성격과 서사가 반영된 스타일, 소재, 색감, 실루엣을 중심으로, 기괴한 시각적 영감을 줄 수 있는 구성으로 만들어줘."

스킬 82

창의성 Creativity 디자인 및 컨셉 아이디어

"사용자가 브랜드 로고, 패션 컬렉션, 인테리어 디자인 등 초기 아이디어 구성을 요청하면, 챗GPT는 관련된 디자인 컨셉을 창의적으로 제안합니다."

예시 1 (브랜드 로고)

"스포츠 경기를 심판하는, 혁신적인 AI 기반 심판 시스템의 브랜드 CI 및 로고 디자인 아이디어를 제안해줘. 사용자는 스포츠 연맹, 리그 관리자, 코치 등으로 구성되며, 이들이 신뢰할 수 있는 이미지를 투영해줘. 정확성, 공정성, 기술 혁신의 가치를 시각적으로 표현하면서도, 간결하고 전문적인 인상을 줄 수 있도록 구성해줘."

예시 2 (패션 컬렉션)

"'럭셔리 패션쇼 Luxury Fashion Show'를 위해, 코코 샤넬 Coco Chanel, 크리스챤 디올 Christian Dior, 조르지오 아르마니 Giorgio Armani의 디자인 철학과 스타일을 융합한, 혁신적이고 독창적인 퍼포먼스 연출 컨셉을 제안해줘."

🟥 예시 3 (인테리어 디자인)

"세계적인 인테리어 디자이너, 켈리 웨어슬러$^{Kelly\ Wearstler}$의 대담하고 독창적인 디자인 철학을 참고하여, '디자인 올림픽 갈라쇼$^{Gala\ Show}$'를 위한 인테리어 컨셉을 제안해줘."

🟥 예시 4 (모션 그래픽 디자인$^{Motion\ Graphic}$)

"감정이 색으로 변하고, 색이 공간을 바꾸는 과정을 표현한 '모션 그래픽 디자인' 컨셉을 창안해줘. 슬픔은 푸른 액체, 분노는 붉은 파편, 기쁨은 금빛 입자로 시각화되고, 이 감정의 색들이 겹치며 공간을 뒤틀고 하나의 추상 풍경으로 녹아든다. 사운드는 감정의 흐름을 따라 유기적으로 변화시켜줘."

🟥 예시 5 (컨셉 아트$^{Concept\ Art}$)

"문명 붕괴 후, 숲으로 잠식된 뉴욕의 폐허 위. 붉은 노을 아래, 기억을 먹고 사는 종족이 고층 유적을 유영하듯 떠도는 장면들… 황혼빛과 녹슨 철, 그리고 적막한 긴장감이 감도는 분위기를 중심으로, '기억의 유적$^{After\ Memory}$'이라는 타이틀의 '컨셉 아트$^{Concept\ Art}$' 아이디어를 창안해줘."

창의성 Creativity 광고 및 마케팅

"사용자가 특정 상품이나 서비스에 대해 창의적이고 매력적인 광고 카피, 슬로건, 프로모션 메시지를 요청하면, 챗GPT는 관련 마케팅 콘텐츠 개발을 효과적으로 지원합니다.

예시 1 (광고 카피)

"'에코 프렌들리Eco-Friendly' 컨셉을 기반으로 한 AI 아파트 광고 카피를 창안해줘. 현대 광고의 아버지로 불리는 데이비드 오길비David Ogilvy의 광고 전략과 문체를 참고해줘."

예시 2 (슬로건)

"우주 쓰레기를 청소하는 세계적인 프로젝트를 기획하고 있어. 'Just Do It(나이키)', 'Think Different(애플)', 'The Ultimate Driving Machine(BMW)'과 같은 브랜드 슬로건을 참고하여, 우주적 감성과 철학이 담긴 슬로건을 창안해줘."

예시 3 (프로모션 메시지)

"'생각만 하던 것을, 지금 경험해 보세요'와 같은 감성적 메시지를 참고하여, **날아다니는 택시UAM**'를 홍보할 수 있는 창의적이고 인상적인 프로모션 메시지를 제안해줘."

스킬 84

창의성 Creativity 창의적인 학습 및 교육 자료

"사용자가 창의적인 학습 교재, 퀴즈, 개념 탐구 등의 **창의적 교보재**Teaching Aids를 요청하면, 챗GPT는 풍부한 교육 콘텐츠 아이디어를 창의적으로 생성합니다."

예시 1 (학습 교재)

"챗GPT는 지금부터 미국 스탠퍼드대학교의 심리언어학 교수야. 노엄 촘스키Noam Chomsky의 '통사 구조Syntactic Structures' 이론을 바탕으로, 언어를 처음 접하는 유치원생을 위한 창의적인 학습 교재 아이디어를 구상해줘."

예시 2 (퀴즈)

"가족이 함께 즐길 수 있는 '가족 퀴즈 시리즈'를 창의적으로 만들어줘. 어린이들이 좋아하는 마인크래프트Minecraft, 로블록스Roblox, 포트나이트Fortnite, 어몽 어스Among Us의 요소를 참고하되, 과학적 사고력을 키울 수 있는 교육적 콘텐츠로 설계해줘."

예시 3 (철학적 개념 탐구)

"'자유'는 하고 싶은 대로 하는 걸까, 아니면 책임을 지는 걸까? 철학, 문학, 역사 속 인물들의 시선을 바탕으로 '자유의 의미'를 탐구할 수 있는 창의적인 학습 자료를 만들어줘. 중학생 수준에 맞춰, 사고를 자극하는 질문 중심으로 구성해줘."

예시 4 (감각 통합 학습 자료 Sensory Learning Materials)

"후각, 청각, 촉각을 활용하여 고대 문명을 오감으로 체험할 수 있는 '감각 통합 학습 자료'를 기획해줘. 향신료의 향기로 고대 시장의 정취를 재현하고, 당시의 언어와 음악을 들려주며, 모래 질감의 촉각 카드를 통해 고대 건축의 구조와 질감을 손끝으로 느낄 수 있게 해줘. 각 감각 자극은 하나의 역사적 사건이나 문화 요소와 긴밀히 연결되어야 하며, 단순한 정보 전달을 넘어, '몸으로 체감하고 기억하는 학습'을 목표로 구성해줘."

예시 5 (비주얼 씽킹 도구 Visual Thinking Tools)

"기후변화의 원인과 영향을 한눈에 이해할 수 있는 '비주얼 씽킹 도구'를 기획해줘. 탄소 배출, 해수면 상승, 생물 다양성 감소 등 핵심 개념을 아이콘과 색상으로 구분하고, 원인과 결과는 화살표와 연결선을 활용하여 구조화해줘. 전체 흐름은 마인드맵이나 인포그래픽 형태로 시각화하되, 학습자가 직접 요소를 조작하며 개념 간 관계를 탐색하고, 문제 해결 중심의 사고를 확장할 수 있도록 설계해줘."

스킬 85

창의성 Creativity 아이디어 발상

"사용자가 특정한 **'아이디어 발상'** 기법을 제시하면, 챗GPT는 그 기법을 활용하여 체계적이고 창의적인 아이디어를 생성합니다."

예시 1 (아이디어 발상 기법이 미흡한 경우)
"만약 챗GPT가 UFO를 타고 우주를 여행한다면, 어떤 행성에 가보고 싶은지 설명해줘."

예시 2 (아이디어 발상 기법이 분명한 경우)
"만약 챗GPT가 UFO를 타고 우주를 여행한다면, 외계인과 소통하기 위해서, 어떤 행성에 가보고 싶은지를 '스캠퍼SCAMPER' 기법을 활용하여 설명해줘."

> **핵심 정리**
> - 사용자가 아이디어 발상 기법을 사용하면 문제를 다각도로 분석하고 해결할 수 있습니다.
> - 사용자는 브레인스토밍, 마인드맵, 스캠퍼 등의 발상 기법을 활용하여 더욱 창의적인 아이디어를 얻을 수 있습니다.
> - 챗GPT는 아이디어 발상 기법을 활용하여 더욱 풍부하고 창의적인 답변을 생성합니다.

창의성 Creativity **기발한 질문**

"사용자가 챗GPT에게 예상치 못한 **'기발한 질문'**이나 과제를 제시하면, 챗GPT는 이에 자극을 받아 고정관념을 벗어난 창의적이고 참신한 답변을 생성합니다."

예시 1 (기발한 질문이 미흡한 경우)
"미래에 인간과 식물의 관계는 어떻게 변화할까요?"

예시 2 (기발한 질문이 분명한 경우)
"만약 식물이 감정을 느끼며, 말까지 한다면, 미래에 인간과 식물의 관계는 어떻게 변화할까요?"

핵심 정리
- 사용자는 고정된 패턴을 벗어나, 챗GPT가 예상치 못한 질문에 반응하도록 자극합니다.
- 사용자는 기존의 틀을 깨는 질문이나 과제를 통해 챗GPT의 창의적 사고를 유도합니다.
- 챗GPT는 기발한 질문에서 영감을 받아, 더욱 독창적인 답변을 생성합니다.

스킬 87

창의성 Creativity 다양한 분야의 정보 융합

"사용자가 **'다양한 분야의 정보를 융합'**하여 새로운 아이디어를 요청하면, 챗GPT는 다양한 지식을 융합하여 창의적이고 독창적인 아이디어를 생성합니다."

🔴 예시 1 **(다양한 분야의 정보 융합이 안된 경우)**

"여러 분야를 융합하여 '현대 행위 예술^{Contemporary Performance Art}' 아이디어를 제안해줘."

🔴 예시 2 **(다양한 분야의 정보가 융합된 경우)**

"베토벤의 교향곡 '합창', 한국의 국기 '태권도', 인공지능의 '패턴 인식 및 예측^{Pattern Recognition and Prediction}' 기능을 융합하여, '현대 행위 예술' 아이디어를 제안해줘."

> **핵심 정리**
> - 사용자가 서로 다른 정보를 융합하면, 창의적 아이디어가 더욱 강화됩니다.
> - 사용자가 다양한 분야의 지식을 결합하면, 새로운 인사이트를 창출할 수 있습니다.
> - 챗GPT는 융합된 정보를 기반으로, 참신하고 혁신적인 영감을 생성합니다.

창의성 Creativity 비유와 은유

"사용자가 **'비유와 은유'**를 요청하거나 제공하면, 챗GPT는 이를 활용하여 개념과 원리를 보다 더 창의적이고 이해하기 쉽게 설명합니다."

예시 1 (비유와 은유가 없는 경우)
"GPS의 작동 원리를 설명해줘."

예시 2 (비유와 은유가 있는 경우)
"GPS의 작동 원리를 설명해줘. 반딧불 수천 마리가 밤하늘에서 신호를 보내며 길을 안내하듯이, 비유와 은유를 사용하여 쉽게 설명해줘."

> **핵심 정리**
> - 사용자는 비유와 은유를 활용하여 복잡한 개념을 보다 더 직관적으로 이해할 수 있습니다.
> - 사용자의 비유와 은유 활용은 챗GPT가 답변을 보다 더 깊이 있고 쉽게 전달하도록 유도합니다.
> - 챗GPT는 비유와 은유를 통해 추상적인 개념을 구체화하여 보다 더 명확하고 이해하기 쉬운 설명을 제공합니다.

창의성 Creativity 우연성과 변주

"사용자가 **'우연성과 변주**^{Chance & Variation}', 즉 무작위적 요소를 도입하면, 챗GPT는 예기치 않은 방향에서 창의적인 답변을 생성합니다."

> **예시 1** (무작위적 요소를 도입하지 않은 경우)

"세계적으로 유명한 인물들의 철학을 바탕으로, 독창적인 '글로벌 평화 프로젝트'를 기획해줘."

> **예시 2** (무작위적 요소를 도입한 경우)

"이순신 장군^{Yi Sun-sin}, 존 홉필드^{John Hopfield}, 슈베르트^{Franz Schubert}, 톨스토이^{Leo Tolstoy}, 링컨^{Abraham Lincoln}, 마하트마 간디^{Mahatma Gandhi}, 테레사 수녀^{Mother Teresa} 등 세계적인 인물들의 철학을 바탕으로, 독창적이고 지속 가능한 '글로벌 평화 프로젝트'를 기획해줘."

> **핵심 정리**
> - 사용자가 무작위 정보를 제공하면, 챗GPT는 독창적인 아이디어를 생성합니다.
> - 사용자가 무작위적 요소를 도입하면, 챗GPT는 창의적 발상을 자극하고 답변의 폭을 넓힙니다.
> - 챗GPT는 예상치 못한 요소에 반응하여 문제 해결의 실마리를 제공합니다.

창의성 Creativity 미래 예측

"사용자가 '**미래 사회의 변화를 예측**^{Foresight}'하고 **새로운 가능성**을 탐색하고자 할 때, 챗GPT는 현재의 트렌드와 기술 발전을 분석하여 창의적인 미래 시나리오와 아이디어를 제시합니다."

예시 1 (창의적인 미래 예측 취지가 미흡한 경우)

"'시간을 거스르는 기술'을 알려줘."

예시 2 (창의적인 미래 예측 취지가 분명한 경우)

"'시간을 거스르는 기술'을 개발한다면, 어떤 방법이 있을지 창의적으로 설명해줘. 그리고 그 기술이 구석기 시대에 적용된다면 어떤 모습일지도 함께 예측해줘."

핵심 정리
- 사용자의 창의적인 미래 예측은 현재에 대한 새로운 통찰과 인식의 창을 열어줍니다.
- 사용자가 예측하고자 하는 분야와 시제^{Tense}를 명확히 설정하면, 보다 더 구체적인 답변을 유도할 수 있습니다.
- 챗GPT는 과학, 사회, 문화 등 다양한 분야의 정보를 종합하여 미래의 변화를 예측하고, 이에 대한 창의적인 아이디어를 제시합니다.

애드온 Add-on
'창의성 Creativity'의 기술적 배후

"창의성은 기존 질서의 재배치"
AI는 낯선 언어 속에서 낯선 연결을 발견한다

AI는 '정답'을 말하는 기계가 아닙니다. 이 모델은 방대한 언어 데이터를 바탕으로, 문맥에 어울리는 다음 단어를 예측합니다.

AI의 응답은 기억된 지식을 재현하는 것이 아니라, 가능한 조합을 탐색하는 행위에 가깝습니다.

여기서 이 예측의 폭을 확장시키는 힘이 바로 사용자의 **창의적 입력 스킬**입니다.

예를 들어, "전쟁터에 떨어진 토끼 인형의 시점에서 작성해줘."라는 입력은, 짧은 프롬프트이지만 비일상적 상황, 감정적 맥락, 의인화된 시점을 한꺼번에 요구하는 상당히 고차원적 입력 스킬입니다.

AI는 이처럼 예측 불가능한 설정을 마주할 때, 기존에 학습한 은유와 서사, 장르의 조합 등을 바탕으로 독창적인 언어 실험을 펼칩니다.

'장르 혼합', '시점 전환', '상징과 비유의 연결' 같은 창의적 입력은 이러한 실험을 자극하며, AI가 다르게 생각하고 새롭게 말하도록 유도합니다.

창의성은 AI 내부에서 자발적으로 생성되지 않습니다. 사용자의 질문이 독창적일수록, AI의 응답도 그만큼 예측 불가능해지고, 보다 더 창의적인 방향으로 확장됩니다.

할루시네이션의 이중성

한편, AI의 상상력은 단순한 정보 재조합이 아니라, AI 특유의 **'할루시네이션**Hallucination**'** 현상과 밀접하게 연결되어 있습니다.

할루시네이션은 'AI가 존재하지 않는 정보를 생성하는 현상'이지만 그것은 부작용이자 동시에 창의성의 원천이 될 수도 있습니다.
정확성과 무관하게 의미 있는 문장을 만들어내려는 AI의 성향은, 낯선 연결과 비정형적 표현을 생성하는 데 활용될 수 있습니다.

특히 창의적 입력이 주어질 때, 이러한 메커니즘은 제약을 넘어 상상력으로 작동하기 시작합니다. 'AI의 상상력은, 통제된 할루시네이션을 창의적으로 활용하는 데서 나온다'는 묘한 역설이 발생하는 순간입니다.

이처럼 AI가 '창의적 입력'에 민감하게 반응하는 이유는 AI 내부적으로 다음과 같은 기술이 작동하기 대문입니다.

✱ **확산적 사고 촉진** Divergent Thinking Stimulation
- 창의적 입력이 주어지면, 확산적 사고 알고리즘과 아이디어 생성 모델을 활용하여 전혀 다른 방향의 응답을 유연하게 탐색하고 생성합니다.

✱ **생성적 변형 및 랜덤화** Generative Variability & Randomization
- 창의적인 질문을 신호로 받아들여, 변형 알고리즘과 무작위화 모델을 통해, 기존 개념을 변형하고 예측 불가능한 요소를 투입함으로써 응답의 다양성을 확장합니다.

✱ **은유적·추상적 사고 활용** Metaphorical & Abstract Reasoning
- AI가 창의적 입력을 받으면, 은유와 개념 매핑을 통해 상징적·감성적 언어로 새로운 이야기를 구성합니다.

✱ 다중 개념 융합 및 적응성 Multi-modal Synthesis & Adaptation
- 창의적 입력에 따라 개념 융합과 적응형 모델을 통해 이질적 개념을 연결하고, 맥락에 맞춰 유연하게 사고를 전개합니다.

결론적으로, AI는 스스로 창의적인 존재는 아닙니다. 그러나 사용자가 **창의적인 방식으로 '질문'**하면, 가장 창의적인 방식으로 **'응답'**합니다.
이 모든 과정의 핵심은 바로 **'창의적인 입력 스킬'**입니다.

"AI는 스스로 상상하지 않지만, 창의적 입력이 주어지면
그때부터 상상의 나래를 펼친다."

10장

입력 스킬 10

피드백

수정 요청 하나로, 챗GPT의 품질이 달라질까?
"챗GPT는 피드백으로 진화한다"

"피드백은 챔피언의 아침 식사다"

켄 블랜차드 Ken Blanchard

'피드백'은 협업의 선율

'피드백'의 주체는 오케스트라의 연주자(챗GPT)와 지휘자(사용자)입니다.

지휘자가 "조금 더 빠르게", "이 부분은 감정을 더 담아서", "현악기를 더 강조해줘"와 같은 피드백을 주면, 연주자들은 그에 맞춰 표현을 조정합니다.

이러한 피드백은 단순한 수정 명령이 아니라, 음악 전체의 균형과 감정, 방향성을 조율하는 정교한 예술적 행위입니다. 챗GPT와의 대화도 이와 유사한 원리로 작동합니다.

챗GPT는 최초의 처음 입력에 대해 개연성 높은 응답을 생성하지만, 그것이 곧바로 완벽한 결과를 의미하지는 않습니다. 바로 그 두 번째부터가 중요합니다.

사용자가 "좀 더 간결하게", "비유를 추가해줘", "공식적인 문체로 바꿔줘"와 같은 피드백을 주는 순간, 챗GPT는 그 지시에 반응하여 출력의 톤, 스타일, 구조 등을 유연하게 조정하기 시작합니다.

피드백은 공동 창작의 '조율 기술'

챗GPT는 반복적 피드백을 통해 점점 더 사용자의 의도에 가까운 응답을 생성합니다.

이 과정은 단순한 질문과 응답을 주고받는 것이 아니라, 출력의 완성도를 함께 다듬어가는 **공동 창작**$^{Co\text{-}creation}$의 흐름입니다.

처음 응답은 **초안**^{Draft}이고, 피드백은 그 초안을 수정·확장·정제해가는 사용자의 지시이자 요청입니다.

이러한 상호작용을 통해 문장의 톤, 길이, 감정, 구조, 맥락에 이르기까지 깎고 다듬어지며, 챗GPT는 점점 더 '사용자의 의도된' 목표에 가까워집니다.

'피드백 스킬'이란 단순히 오류를 지적하거나 정보를 추가 요청하는 차원을 넘어서, 챗GPT의 동작 흐름을 재정렬하고, 언어적 감각을 미세하게 조율하는 고급 입력 기술입니다.

이는 오케스트라 지휘자가 손끝의 작은 움직임으로 하모니의 분위기를 바꾸듯, 사용자의 피드백 한 줄이 챗GPT의 응답 전체를 바꿀 수 있습니다.

피드백은 질문 이후의 능동성

많은 사용자들은 챗GPT에게 질문을 던진 후, 그 응답을 '최종 결과'로 받아들이는 경향이 있습니다.

하지만 챗GPT의 진가는 **질문 이후의 피드백 단계**에서 비로소 드러납니다.

"더 짧게", "더 부드럽게", "더 분석적으로…' 단순한 것처럼 보이는 말 한마디가, 문장 전체의 톤과 맥락을 바꿀 수 있습니다.

피드백 스킬이 중요한 이유는, 챗GPT는 처음부터 완성된 결과를 주는 것이 아니라, 조율 가능한 결과를 생성한다는 점에 있습니다.

이 조율의 중심에는 **사용자의 능동성**이 자리합니다.

피드백이 없으면 챗GPT는 초안에 머무르고, 피드백이 있을 때 비로소 그 응답은 사용자에 맞게 진화합니다.

결국, 피드백 스킬은 단순한 **'응답 조정 요청'**이 아니라, 챗GPT와의 대화를 **'정교한 협업'**으로 승화시키는 사용자의 역량이자 고급 전략입니다.

질문은 대화를 여는 핵심이며, 피드백은 그 대화를 완성하는 지휘자의 손짓입니다.

피드백은 단순한 수정이 아닙니다. 그것은 사용자의 사유가 챗GPT의 언어에 개입하여, 그것을 다시 써 내려가는 철학적 행위입니다.

입력은 시작일 뿐, 진정한 창작과 알토란은 세련되고 숙련된 **'피드백 스킬'**에서 발현됩니다.

"그럼, 지금부터 '개선의 열차', '피드백'호를 타고, '오류'역을 지나, 종착역인 '정답'역을 향해 힘차게 달려보겠습니다."

스킬 91

피드백 Feedback 출처 확인 및 팩트 체크

"'출처 확인 및 팩트 체크'란, 챗GPT의 응답에 포함된 정보의 정확성과 신뢰성을 평가하고, 출처 확인이나 팩트 체크를 요청하는 스킬입니다."

예시 1 (사용자의 첫 번째 질문)

"플라톤의 《국가》에서 '정의Justice' 개념이 어떻게 논의되는지 설명해줘. 특히, 소크라테스의 대화법을 중심으로 그의 주장이 어떤 논리를 통해 전개되는지 분석해줘."

예시 2 (챗GPT의 응답에 대한 사용자의 1차 피드백)

"플라톤의 《국가》에서 논의되는 '정의' 개념을 잘 설명해 주었어. 다만, 몇 가지 정보의 출처를 명확히 제시해 주면 더 신뢰할 수 있을 것 같아.

예를 들어, '소크라테스가 '정의'를 네 계층의 조화로 설명했다'는 부분은 구체적으로 어느 책(책 V, VI 등)의 몇 장에서 어떤 표현을 사용했는지 원문 인용을 추가해줘.

또한, 그 주장이 현대 정치철학에서 어떻게 해석되는지에 대해 최근 연구 사례를 바탕으로 보완해줘."

예시 3 (챗GPT의 응답에 대한 사용자의 2차 피드백)

"첫 번째와 두 번째 답변 모두 전반적으로 잘 정리됐어. 다만 몇 가지를 더 깊이 있게 다뤄주면 좋겠어.

첫째, '정의' 개념이 당시 아테네의 정치적 맥락—특히 플라톤의 민주정 비판과 어떻게 연결되는지를 구체적으로 설명해줘.

둘째, 트라시마코스^{Thrasymachus,} 글라우콘^{Glaucon} 같은 인물들의 반론을 요약하고, 그 철학적 의미를 분석해줘.

셋째, 플라톤의 《법률》이나 《소크라테스의 변명》과 비교해볼 때, '정의' 개념이 어떤 점에서 일관되며, 또 어떻게 변화하는지도 함께 살펴봐주면 좋겠어."

핵심 정리
- 사용자는 챗GPT의 응답이 신뢰할 수 있는 근거에 기반하고 있는지 평가하고, 필요시 출처, 원문 인용, 참고 문헌 등을 요청해야 합니다.
- 사용자는 해당 정보가 최신 연구, 다양한 관점, 객관적 데이터에 기반했는지 등을 점검하고, 팩트 체크, 교차 검증, 정보의 최신성 여부 등을 적극적으로 확인해야 합니다.
- 챗GPT는 이러한 피드백을 반영하여, 출처 명시, 인용 추가, 현대 연구와 해석 보완 등을 통해 더욱 정밀하고 신뢰도 높은 응답으로 개선할 수 있습니다.

스킬 92

피드백 Feedback 기대치와 응답 결과 비교하기

"'기대치와 응답 결과' 비교하기 피드백이란, 챗GPT의 응답이 사용자의 기대에 얼마나 부합하는지를 평가하여, 부족한 점이나 불충분한 부분을 개선하는 스킬입니다."

예시 1 (사용자의 첫 번째 질문)

"'바이오 해킹Biohacking' 기술의 현황과 미래 전망에 대한 기술보고서를 작성해줘. 특히 바이오 해킹 기술의 윤리적 쟁점과 사회적 영향을 논리적으로 분석해줘."

예시 2 (챗GPT 응답에 대한 사용자의 1차 피드백)

"기술보고서 초안에서 바이오 해킹의 현황 설명은 잘 정리해 줬어. 하지만 윤리적 쟁점과 사회적 영향에 대한 부분은 기대에 비해 다소 표면적으로 느껴졌어.

예를 들어, 프라이버시 침해, 인간 강화Human Enhancement에 따른 윤리적 딜레마, 그리고 사회 전반에 미칠 장기적 영향 등을 더 깊이 있게 다뤄줄 수 없을까? 긍정적 측면과 부정적 측면이 균형 있게 드러나면 보다 더 설득력이 있을 것 같아."

예시 3 (챗GPT 응답에 대한 사용자의 2차 피드백)

"전체 구성은 나쁘지 않았지만, 기대했던 '기술보고서' 형식과는 다소 거리가 있었어.

첫째, 도입-본론-결론의 구조가 명확하지 않아 논리 흐름이 흐트러졌고, 기술 개요와 분석 내용이 혼재되어 가독성이 떨어졌어.

둘째, 최신 통계나 사례가 부족해 설득력이 약했어. 실제 논문이나 기사 기반의 데이터를 추가해줘.

셋째, 미래 전망 부분이 너무 일반적이었어. 기술 발전 시나리오나 사회 변화 모델을 활용하여 좀 더 입체적으로 서술해주면 좋겠어."

핵심 정리
- 사용자는 챗GPT의 응답이 애초에 요청한 주제, 범위, 깊이에 얼마나 부합하는지를 객관적으로 평가해야 합니다.
- 사용자는 단순한 불만 표출이 아닌, '어떤 부분이 부족한지'와 '어떻게 보완되었으면 좋겠는지' 등을 구체적으로 피드백을 주는 것이 중요합니다.
- 챗GPT는 이와 같은 피드백을 바탕으로 응답의 수준과 방향을 조정하여, 보다 더 깊이 있고 정밀한 답변을 생성할 수 있습니다.

스킬 93

피드백 Feedback **특정 부분** 피드백

"**'특정 부분' 피드백**이란 챗GPT의 응답 중 특정 핵심 요소나 세부 항목에 대해 구체적인 피드백을 제공함으로써, 해당 부분을 정밀하게 개선하도록 유도하는 스킬입니다."

예시 1 (사용자의 첫 번째 질문)

"1776년 7월 4일에 채택된 '미국 독립선언서'를 분석하고 요약해줘. 특히, '모든 사람은 평등하게 창조되었으며, 생명, 자유, 행복 추구와 같은 양도할 수 없는 권리를 부여받았다'는 내용을 중심으로 상세히 분석해줘."

예시 2 (챗GPT 응답에 대한 사용자의 1차 피드백)

"평등과 양도할 수 없는 권리에 대한 개념은 잘 설명해 주었어. 하지만, '생명, 자유, 행복 추구'라는 권리가 당시 미국 사회에서 어떻게 해석되었는지 그리고 현대 사회에서 이 개념이 어떻게 적용되고 있는지를 좀 더 자세히 다뤄주면 좋겠어.
예를 들어, 미국 헌법 조항이나 주요 판례에서 이러한 권리가 실제로 어떻게 다뤄졌는지 구체적인 사례를 추가해줘."

예시 3 (챗GPT 응답에 대한 사용자의 2차 피드백)

"전체적인 분석은 좋았어. 다만 한 가지 아쉬운 부분은 '모든 사람은 평등하게 창조되었다'는 구절을 해석할 때, 표현이 다소 일반적이고 추상적으로 느껴졌어. 이 문장이 갖는 철학적 의미 그리고 **루소**, **로크**와 같은 **계몽주의 사상가**들과의 사상적 연관성을 좀 더 분명히 설명해줘.

그리고 '양도할 수 없는 권리'라는 표현도 단순 번역이 아니라, 원문의 **'Unalienable Rights'**가 지닌 맥락적 의미까지 고려하여 분석해 주면, 보다 더 명확하고 깊이 있는 결과물이 될 것 같아."

핵심 정리
- 사용자는 챗GPT 응답 중에서 특정 항목이나 문장, 또는 논리적 맥락의 일부분을 선택하여 피드백을 제공해야 합니다.
- 사용자는 단순한 개선 요청이 아니라, 어떤 점이 부족하며, 무엇을 보완하면 좋을지, 어떤 방향으로 발전시키면 되는지 등을 구체적으로 전달해야 합니다.
- 챗GPT는 이러한 피드백을 바탕으로 해당 부분을 더욱 심층적이고 구체적인 내용으로 보완하여, 정밀한 응답을 생성합니다.

피드백 Feedback 비교 분석을 통한 심화

"챗GPT의 응답 중, 제시된 개념, 연구 결과, 주의주장 등을 단순 나열이 아닌, **비교 분석**Comparative Analys.s 방식으로 심화시키는 스킬입니다."

예시 1 (사용자의 첫 번째 질문)
"도스토예프스키와 톨스토이의 작품에서 드러나는 '인간 본성'과 '구원의 방식'을 비교 분석해줘.
특히 도스토예프스키의 《죄와 벌》과 《카라마조프가의 형제들》, 톨스토이의 《전쟁과 평화》와 《안나 카레니나》를 중심으로, 두 작가가 인간을 어떻게 이해하고, 구원을 어떻게 그리는지, 철학적 관점에서 분석적으로 비교해줘."

예시 2 (챗GPT 응답에 대한 사용자의 1차 피드백)
"두 작가의 관점을 잘 정리해 주었어. 하지만 작품과 주제들을 따로 설명하는 느낌이 강하여, 비교 분석의 깊이가 부족했어. 예를 들어 도스토예프스키의 '고통을 통한 구원'과 톨스토이의 '도덕적 자기 각성'이 인간 본성에 대해 어떤 상반된 시각을 가지는지 명확히 대비해줘.

또한, 두 작가가 인간의 '내면 변화'와 '신의 역할'을 어떻게 다르게 묘사하는지도 구체적으로 비교해주면 좋겠어."

예시 3 (챗GPT 응답에 대한 사용자의 2차 피드백)
"이전 피드백을 반영하여 각 작가의 '구원' 개념을 비교한 건 좋았어. 다만 두 작가의 핵심 개념들—예컨대 죄, 자유의지, 고통, 신앙—이 작품 속에서 어떤 방식으로 전개되고 충돌하는지를 주제별로 대조적으로 정리해주면 보다 더 명확해질 것 같아. 또한, 등장인물의 서사 구조나 결말 처리 방식이 그들의 구원관과 어떻게 연결되는지도 분석적으로 병치해 주면 훨씬 깊이 있는 비교가 될 것 같아."

핵심 정리
- 사용자는 챗GPT가 제시한 개념이나 연구 결과를 단순히 나열하는 데 그치지 않고, 각 관점의 차이점과 공통점을 비교 분석하도록 유도해야 합니다.
- 사용자가 연구 대상, 방법론, 분석 시점 등의 차이가 결과에 어떤 영향을 미치는지를 요청하면, 챗GPT는 보다 더 정밀한 사고 전개를 할 수 있습니다.
- 챗GPT는 이러한 피드백을 바탕으로, 긍정적·부정적 관점의 비교, 이론 간의 대조, 방법론에 따른 결과 차이 등을 종합적으로 분석함으로써, 보다 더 깊이 있는 응답을 생성합니다.

피드백 Feedback 실시간 피드백 반복

"**'실시간 피드백' 반복**이란, 챗GPT의 초기 응답이 만족스럽지 않거나 충분하지 않을 때, 실시간으로 구체적인 피드백을 반복 제공함으로써 점진적으로 답변의 수준을 향상시키는 스킬입니다."

예시 1 (사용자의 첫 번째 질문)

"**'시간**Tempus**'**은 실제로 존재하는 것일까? 이 질문에 대해 다양한 철학적 관점을 논리적으로 비교·분석해줘. 또한 '시간'과 관련된 주요 철학적 쟁점을 제시하고, 각 쟁점에 대한 철학자들의 입장을 논리적 근거와 함께 설명해줘."

예시 2 (챗GPT 응답에 대한 사용자의 1차 피드백)

"먼저, '시간의 존재'에 대한 절대론적 관점(시간이 독립적으로 존재한다는 입장)에 대한 설명은 잘 이해했어.

이제 반대되는 입장, 즉 '시간은 인간의 인식에 의해 형성된 관념'이라는 관계론적 관점도 함께 설명해줘. 그리고 각 입장을 대표하는 철학자들의 논거를 보다 더 깊이 있게 분석해줘.

예를 들어, 칸트와 아인슈타인의 '시간 개념'을 비교하면서, 이들의 주장이 어떻게 대비되는지, 구체적으로 논의해줘."

예시 3 (챗GPT 응답에 대한 사용자의 2차 피드백)

"칸트와 아인슈타인의 시간 개념을 비교해준 점은 참 좋았어. 하지만 칸트의 **'선험적 직관**Anschauung a priori'으로서의 시간 개념이 그의 인식론 체계에서 어떤 역할을 하는지를 좀 더 구체적으로 쉽게 설명해줘.

또한 아인슈타인의 시간 개념은 물리학적 상대성이론에 기반한 것인데, 그 이론이 시간의 객관성에 어떤 영향을 주는지도 명확히 짚어주면 좋겠어.

마지막으로, 이 두 입장이 '시간은 존재하는가'라는 철학적 질문에 어떤 방식으로 답하고 있는지를 비교 평가해줘. 단순한 설명을 넘어서 '철학적 함의'까지 분석해 주면 좋겠어."

> **핵심 정리**
> - 사용자가 초기 응답에서 부족하거나 모호한 부분을 명확히 짚고, 추가적인 관점, 사례, 논리 분석 등을 요청함으로써 심화된 대화가 가능해집니다.
> - 사용자는 한 번에 완벽한 답변을 기대하기보다, 실시간으로 구체적인 요청과 피드백을 반복하면서 챗GPT의 응답을 점진적으로 발전시켜야 효과적입니다.
> - 챗GPT는 사용자의 피드백을 반영하여 한 단계씩 논의의 깊이와 범위를 확장하고, 궁극적으로 최적화된 응답을 도출합니다.

스킬 96
피드백 Feedback 긍정적 요소와 개선점 병행

"**'긍정적 요소와 개선점' 병행** 피드백은, 챗GPT의 응답에서 잘된 부분은 인정하고 격려하면서, 동시에 개선이 필요한 부분도 구체적으로 제시하는 균형 잡힌 피드백 스킬입니다."

예시 1 (사용자의 첫 번째 질문)
"고딕 시의 걸작으로, 슬픔과 미스터리를 심오하게 표현한 시인, 에드거 앨런 포 Edgar Allan Poe의 〈까마귀〉The Raven를 중국어, 힌디어, 스페인어, 아랍어, 프랑스어, 포르투갈어, 러시아어, 일본어로 번역해줘. 또한, 각 언어별 원문과 발음 기호도 함께 제공해줘."

예시 2 (챗GPT 응답에 대한 사용자의 1차 피드백)
"번역문과 발음 기호를 잘 제공해 주었어. 전체적으로 다양한 언어로의 접근이 잘 이루어졌어.

다만, 〈까마귀〉가 지닌 시적 감정과 문학적 깊이가 각 언어에서도 더 섬세하게 전달될 수 있도록, 번역 과정에서 문학적 표현과 분위기를 좀 더 반영해 주면 좋겠어. 예를 들어, '**Nevermore(결코 다시는)**'라는 반복어에 내포된 '죽음과 존재의 불가사의', 그리고 인간의 통제를 벗어난 '숙명적 정서'를 보다 더 섬세하게 반영하여 번역해줘."

예시 3 (챗GPT 응답에 대한 사용자의 2차 피드백)

"각 언어의 음운적 특성을 고려한 점이 인상 깊었어. 다만, 시의 운율과 리듬이 각 언어에서 어떻게 변형되었는지에 대한 설명이 부족했어. 예를 들어, 영어 원문의 'Nevermore' 반복이 중국어, 힌디어, 프랑스어 번역에서는 어떤 식으로 표현되었는지, 그리고 그로 인해 시의 분위기나 감정 전달에 어떤 변화가 있었는지를 구체적으로 설명해주면 더 좋겠어. 또한, 문화적 맥락에 따라 번역된 표현이 원문의 의미를 어떻게 보완하거나 변화시켰는지도 함께 설명해주면 독자의 이해에 도움이 될 것 같아."

핵심 정리
- 사용자는 그 후 개선이 필요한 구체적인 요소를 지적하고, 보완이 가능한 방향이나 구체적 요청 사항을 제시합니다.
- 사용자는 챗GPT의 응답 중 잘된 부분을 먼저 긍정적으로 평가하여, 챗GPT의 응답 방향성에 대한 신뢰와 격려를 전달합니다.
- 챗GPT는 이러한 피드백을 기반으로, 기존의 강점을 유지하면서도 부족한 점을 보완하여 보다 더 정교하고 감성적인 응답을 생성합니다.

피드백Feedback 대안 제시 피드백

"**'대안 제시' 피드백**이란 챗GPT의 응답이 일정 수준 이상 충실하게 제시되었을 때, 기존 응답을 인정하면서도 새로운 시각이나 대안을 요청함으로써, 답변의 깊이와 다양성을 확장하는 스킬입니다."

예시 1 (사용자의 첫 번째 질문)

"무능한 통치자가 국가의 몰락을 초래한 역사적 사례들을 분석해 줘. 특히 루이 16세, 니콜라이 2세, 찰스 1세 등 지도자의 판단 실패가 어떤 구조적 문제와 결합되어 돌이킬 수 없는 역사적 파국으로 이어졌는지를 중점적으로 분석해줘."

예시 2 (챗GPT 응답에 대한 사용자의 1차 피드백)

"루이 16세, 니콜라이 2세, 찰스 1세 사례를 통해 무능한 통치자가 국가 시스템에 어떤 부담을 주었는지 잘 설명해줬어. 다만 논의를 더 심화하려면 '리더십의 결함'이 공동체에 끼친 심리적·문화적 영향도 함께 다뤄줬으면 해.
예를 들어, 지도자의 무능과 비상식이 대중의 정치 환멸, 종교적 광신, 급진주의로 이어진 사회 변화를 사례별로 비교해줘. 또한, 당시 예술이나 문학이 이러한 역사적 좌절을 어떻게 반영했는지도 분석에 포함해줘."

예시 3 (챗GPT 응답에 대한 사용자의 2차 피드백)

"무능한 지도자의 정치적 한계와 사회적 파장을 잘 정리해준 점은 높이 평가할 만해. 다만 내용이 주로 '몰락의 결과'와 '실패의 과정'에 집중되어 있어.

이번엔 관점을 바꿔서, 결정적 순간에 다른 선택을 했더라면 어떤 결과가 나왔을지 '**반사실적 분석**$^{Counterfactual\ Analysis}$'으로 접근해 보면 좋겠어.

예를 들어, 루이 16세가 '삼부회$^{General\ Estates}$'를 수용했거나, 니콜라이 2세가 '개헌'을 받아들였거나, 찰스 1세가 '의회'와 타협했다면 역사가 달라졌을까?

이러한 가정을 통해 구조적 한계와 개인의 선택이 어떻게 맞물렸는지, 시나리오 분석적으로 접근해 주면 좋겠어."

> **핵심 정리**
> - 사용자는 챗GPT의 응답이 기본적으로 충실했음을 인정한 뒤, 새로운 관점이나 보완 요청을 통해 대안적 사고의 확장을 유도해야 합니다.
> - 사용자는 단순한 수정 요청이 아니라, 다른 기준, 구분 방식, 실제 사례, 시나리오 적용 등을 제시함으로써 응답의 폭과 깊이를 넓힐 수 있습니다.
> - 챗GPT는 이러한 피드백을 바탕으로 기존 답변을 보완하는 동시에, 새로운 시각에서의 분석과 해결책을 함께 제시합니다.

피드백Feedback 맥락Context 강조

"**'맥락' 강조 피드백**이란, 사용자가 피드백을 제공할 때, 챗GPT가 작업의 맥락을 보다 더 정확히 이해할 수 있도록 배경 정보나 분석 관점을 추가로 제공하여, 보다 더 정밀하고 심층적인 응답을 유도하는 스킬입니다."

예시 1 (사용자의 첫 번째 질문)

"뉴턴Isaac Newton의 '사과Apple'와 관련된 이야기를 바탕으로, '사과'가 상징하는 의미를 설명해줘. 특히, 과학적 발견의 맥락에서 '사과'가 가지는 의미를 중점적으로 분석해줘."

예시 2 (챗GPT 응답에 대한 사용자의 1차 피드백)

"뉴턴의 '사과' 이야기를 과학적 발견의 상징으로 설명해 준 점은 좋았어. 하지만 '사과'가 과학사 속에서 갖는 상징적 의미를 더 선명하게 부각해주면 좋겠어.

예를 들어, 이 사건이 과학사의 전환점으로 기록된 역사적 배경과 함께, '사과'가 학문적 호기심을 자극하는 매개체로서 어떤 의미를 지니는지를 더 깊이 있게 다뤄줘.

또한 이를 통해 '사과'가 '과학적 직관'과 '자연법칙 발견'의 상징으로서 어떤 역할을 했는지를 좀 더 입체적으로 설명해 줄 수 있을까?"

> **예시 3** (챗GPT 응답에 대한 사용자의 2차 피드백)

"과학사적 상징으로서 '사과'의 의미를 잘 설명해준 점은 인상 깊었어. 이번에는 좀 더 넓은 맥락에서 접근해 보면 어떨까?

뉴턴의 '사과'가 등장한 17세기 후반은 근대 과학혁명과 계몽주의가 본격화된 시기였고, 자연은 신비의 대상이 아닌, '법칙으로 설명 가능한 질서'로 인식되기 시작했지.

이런 전환기 속에서 '사과'는 단순한 일화를 넘어, 자연을 수학적으로 이해하려는 새로운 지적 패러다임의 상징이라고도 볼 수 있어. 이런 철학적·사상사적 맥락까지 포함해 '사과'의 의미를 좀 더 입체적으로 분석해 줄 수 있을까?"

핵심 정리
- 사용자는 챗GPT가 단순한 정보 제공을 넘어서 더 깊이 있는 분석을 할 수 있도록, 맥락, 배경, 분석 관점 등을 추가로 제공해야 합니다.
- 사용자는 특히, 단순 설명이 아닌 '어떤 관점에서 더 강조해달라', '어떤 의미를 중심으로 분석해달라'는 식으로 의도된 초점을 명확히 지정해야 합니다.
- 챗GPT는 사용자가 제공한 배경 정보와 맥락적 지시를 반영하여, 보다 더 정밀하고 해석 중심적인 응답을 생성합니다.

피드백 Feedback 명확한 요청 및 재피드백

"**'명확한 요청 및 재피드백'**이란, 챗GPT의 초기 응답이 모호하거나 일반적인 수준에 머무를 때, 사용자가 보다 더 구체적인 요청이나 조건을 제시하여 추가 설명을 유도하는 스킬입니다."

예시 1 (사용자의 첫 번째 질문)

"16세기 종교개혁의 배경을 설명해줘. 그중에서도 성직자들의 부패가 어떤 제도적·사회적 구조와 결합되어, 종교개혁이라는 중대한 역사적 변화를 유발했는지를 중심으로 분석해줘.

또한 루터, 칼뱅 등 주요 인물들의 반응이 어떻게 나타났는지도 덧붙여줘."

예시 2 (챗GPT 응답에 대한 사용자의 1차 피드백)

"성직자들의 부패와 종교개혁의 연관성을 전반적으로 잘 설명해줬어. 다만 내용이 조금 일반적이야.

예를 들어, '면죄부' 판매가 교회의 구원 독점 구조를 어떻게 흔들었는지, 성직자 계층에 대한 민중의 신뢰가 어떻게 무너졌는지를 좀 더 구체적으로 설명해줘. 또한 루터의 《95개조 반박문》이 단순한 신학적 비판이 아니라, 중세 교회의 권위 전체에 대한 도전이었다는 점도 강조해줘."

예시 3 (챗GPT 응답에 대한 사용자의 2차 피드백)

"한국의 일부 성직자들의 도덕적 해이와 극단성, 이단성 등에 대한 비판적 시각은 매우 인상 깊었어. 이번에는 비교의 폭을 더 넓혀보면 좋겠어.

예를 들어, 성직자 부패의 구조가 독일, 프랑스, 영국에서 각각 어떻게 달랐는지, 그리고 그 차이가 루터의 '독일 종교개혁', 칼뱅의 '스위스 개혁', 헨리 8세(Henry VIII)의 '영국 국교회 창설'과 어떻게 연결되는지를 비교해줘.

또한 '성직자'라는 존재가 당시 민중에게 어떤 종교적 권력으로 인식되었는지, 그 이미지가 개혁 과정에서 어떻게 해체되었는지도 함께 다뤄줘. 그리고 지역별 차이, 제도적 요인, 민중의 인식 변화까지 반영한 입체적인 설명이 추가되면 좋겠어."

핵심 정리

- 사용자는 챗GPT의 응답이 모호하거나 일반적인 수준일 경우, 보다 더 구체적인 정보, 상황, 조건, 예시 등을 명시하여 명확성을 높이는 피드백을 제공해야 합니다.
- 사용자는 단순히 "더 자세히 설명해줘"라고 요청하기보다는, "어떤 상황에서?", "어떤 방식으로?", "어떤 사례를 기반으로?"처럼 보완 요청을 명확히 해야 효과적입니다.
- 챗GPT는 분명한 피드백의 방향성을 반영하여, 보다 더 실용적, 구체적 정보를 중심으로 응답을 보완합니다.

피드백 Feedback **철학적 개념의 맥락** 확장

"**'철학적 개념의 맥락' 확장** 피드백이란, 챗GPT의 응답이 특정 철학자나 사상의 핵심 개념을 단편적으로만 다룰 때, 사용자가 보다 더 넓은 역사적, 정치적, 존재론적 맥락을 제시하며, 개념의 본질과 실천적 의미를 더 깊이 있게 해석하도록 유도하는 입력 스킬입니다."

> 예시 1 (사용자의 첫 번째 질문)

"20세기 가장 영향력 있는 정치 이론가 중 한 명인 한나 아렌트Hannah Arendt가 《인간의 조건》The Human Condition에서 강조한 '**노동**Labor', '**작업**Work', '**행위**Action'의 차이를 설명해줘. 그리고 이 개념들이 현대 사회에 어떤 시사점을 주는지도 함께 분석해줘."

> 예시 2 (챗GPT 응답에 대한 사용자의 1차 피드백)

"'노동', '작업', '행위' 각각의 개념 구분은 잘 설명해줬어. 그런데 이 개념들이 왜 아렌트에게 그렇게 중요한지, 왜 '행위'가 가장 고귀한 활동인지에 대한 존재론적 맥락이 조금 약한 것 같아.
예를 들어, 아렌트는 '행위'를 통해서만 인간이 진정한 '정치적 존재Zoon Politikon'로 드러날 수 있다고 보았는데, 이런 관점을 '**전체주**

의 체험'과 '공적 영역의 상실'이라는 역사적 맥락과 연결하여 다시 설명해줘."

예시 3 (챗GPT 응답에 대한 사용자의 2차 피드백)

"아렌트의 '행위' 개념을 전체주의와 연결하여 설명해 준 점은 상당히 유익했어. 이번에는 이 개념들을 조금 더 현대적 삶의 조건과 연결하여 확장해 보면 좋겠어.

예를 들어, 오늘날 디지털 사회에서는 '노동'과 '작업'의 경계가 모호해지고 있는데, 이런 변화 속에서 행위의 가능성은 어떻게 달라질까? 또한, 아렌트가 말한 '공적 영역의 회복 Restoration of the Public Realm'이 SNS나 온라인 커뮤니티를 통해 구현될 수 있는지, 혹은 오히려 '사적 삶의 과잉 노출 Overexposure of private life'로 인해 공론장이 약화되고 있는 건 아닌지도 함께 분석해줘. 그리고 아렌트가 강조한 '예측 불가능성 Unpredictability'과 '탄생성 Natality' 개념이 오늘날 어떠한 정치적 실천으로 이어질 수 있는지도 다뤄주면 좋겠어."

핵심 정리
- 사용자는 현대적 재해석과 사회적 적용 가능성을 함께 제시함으로써 철학을 살아 있는 사유로 되살릴 수 있습니다.
- 사용자는 단순한 개념 설명에 그친 응답에 대해, 철학적 맥락과 실천적 의미를 요청함으로써, 사고의 깊이를 확장할 수 있습니다.
- 챗GPT는 이러한 피드백을 통해 단편 정보를 넘어선 통합적이고 통찰력 있는 응답을 제공하게 됩니다.

애드온 Add-on
'피드백 Feedback'의 기술적 배후

"피드백은 완성으로 가는 숨은 엔진"
AI는 반복된 수정을 통해 정교해진다

AI는 첫 번째 질문보다, 두 번째 요청에서 보다 더 개선된 답변을 생성할 확률이 높습니다.

그 이유는 단순한 반복이 아니라, **'피드백'**을 기반으로 응답구조를 **'재조정'**하는 AI 특유의 메커니즘 때문입니다.

예를 들어 "좀 더 간결하게 정리해줘", "부정적인 관점도 넣어줘", "표로 바꿔줘"같은 피드백은 챗GPT에게 **'새로운 지시이자 프레임의 재설정'**으로 작용합니다.

이러한 **피드백**은 AI의 내부 작동 방식을 변화시킵니다. AI는 초기 응답을 참조하면서, 사용자의 기대에 맞춰 내용을 재구성하는 방향으로 응답이 점차 진화합니다.

이때 AI는 단어만 바꾸는 것이 아니라, **논리적 흐름, 정보 배열, 표현 방식** 전체를 다시 설계합니다. 이 과정을 통해 사용자의 취향과 목적에 점점 더 가까운 결과물을 생성합니다.

'피드백'은 AI에게 단순한 수정 요청이 아니라, **정밀 조정의 시그널**입니다. 그리고 그 시그널이 구체적일수록, AI의 반응도 더 뚜렷해지고 품질도 높아집니다.

결국, AI와의 대화는 일회성 질의응답이 아니라 **반복과 조정, 진화와 완성**으로 이어지는 공동 작업의 과정입니다.

한편, 어떤 사용자들은 피드백을 단순한 수정 요청쯤으로 여기는 경향이 있습니다. 그러나 인간의 세계든, AI의 세계든 피드백은 변화의 시작점입니다.

예술은 피드백을 통해 완성되고, 사유는 반응을 통해 진화합니다. AI 역시 피드백이 없다면 성장하지 못하며, 단지 반복에 머무르는 단순 기계로 전락할 것입니다.

'질문'이 문을 여는 행위라면, '피드백'은 그 안으로 들어가는 첫걸음입니다. 피드백은 대화를 완성하는 기술이자, 진보를 가능케

하는 철학적 도구입니다.

　AI의 이러한 특질은 AI의 자발적 서비스 정신(?)이 아니라 내부적으로 다음과 같은 기술이 작동하기 때문입니다.

✱ 반복 개선 메커니즘 Iterative Refinement Mechanism
- AI는 피드백을 통해 반복 개선 알고리즘을 작동시키며, 응답을 점차 정밀하게 재설계합니다. 이는 단순한 수정이 아니라 두 번째 사고의 과정입니다.

✱ 맥락 기반 응답 조정 Context-aware Adjustment
- AI는 피드백과 맥락을 통합하여 응답을 유기적으로 재구성하며, 이 과정에서 피드백은 대화 흐름을 전환하는 도화선이 됩니다.

✱ 미세 조정 응답 최적화 Fine-tuned Response Optimization
- AI는 피드백을 통해 미세 조정 모델과 적응형 알고리즘을 작동시켜, 표현의 정확성, 간결함, 어조를 정밀하게 조율합니다. 이 과정은 AI의 표현 엔진을 활성화하는 촉매로 작용합니다.

✷ 적응형 학습 및 강화 전략 Adaptive Learning & Reinforcement

- AI는 피드백을 통해 점점 사용자에 적응하며, 이는 AI와 사용자가 함께 진화하는 학습 경로를 형성합니다.

결론적으로, AI는 처음부터 완벽한 답을 주지 못합니다.
그러나 잘 설계된 피드백을 받으면, **완성에 가까운 결과**로 나아갈 수 있습니다.

이 모든 과정은 **'피드백'**이라는 **입력 스킬**의 꾸준한 연마를 통해 비로소 가능합니다.

 한 줄 요약

"AI는 완성하지 않는다. 그러나 '피드백'을 받으면
완성을 향해 진화한다."

Epilogue

디지털 초인 Übermensch

비워둔 여백, 이어지는 사유

"모든 것을 말할 수 없기 때문에, 우리는 말할 수 있는 것만 골라야 한다."

이 책에 더 많은 콘텐츠를 담고 싶었지만, '체계의 일관성'이라는 제약 때문에 일부 내용은 부득이하게 비워둘 수밖에 없었습니다.

비워진 그 여백이 독자의 사유로 채워지고, 또 다른 목소리로 이어지기를 진심으로 소망합니다.

'온도 Temperature'와 '토큰 Token'

비록 이 책에 담지는 못했지만, 반드시 주목해야 할 개념 중 하나가 바로 '온도와 토큰'입니다.

'생성형 AI' 차원에서 **'온도'**는 창의성, 즉 표현의 다양성과 예측 불가능성을 조절하는 요소입니다.

이 **'온도'**라는 매개변수^{Parameter}는 시스템 설정, 즉 API에서 직접 조절할 수 있지만, 프롬프트를 정교하게 구성하면 간접적으로도 조절할 수 있습니다.

한편, **'토큰'**은 AI가 출력하는 글의 길이와 정보량을 결정하는 기본 단위입니다.

때문에 이 두 요소를 이해하고 조절할 수 있어야 AI의 답변을 사용자의 목적에 따라 정밀하게 설계할 수 있습니다.

특히 '온도'는 글쓰기의 분위기나 자유로운 사고의 확장을 유도할 때 효과적입니다. '낮은 온도' 설정은 일관되고 안정적인 응답을 유도하고, '높은 온도'는 보다 더 창의적이고 유연한 응답을 생성합니다.

'토큰 수'의 제한은 AI가 주어진 분량 안에서 얼마나 핵심을 효과적으로 요약하고, 사고를 정밀하게 압축할 수 있는지를 결정하는 중요한 기술적 기준입니다.

따라서 이 두 요소의 조화는 단순한 설정의 문제가 아니라, '사고의 프레임을 어떻게 설계할 것인가?'라는 깊은 질문과 맞닿아 있습니다.

'메타 입력 스킬Meta Input Skills'의 확장

눈여겨봐야 할 또 하나의 요소는, 챗GPT의 작동 정밀도를 한층 더 높여주는 **'메타 입력 스킬'**입니다.

메타 입력 스킬이란 문장부호의 리듬, 특수기호의 시각적 구도, 이모티콘의 감정적 암시 등 입력 문장에 내재된 다양한 비언어적 신호를 적극적으로 활용하는 것을 뜻합니다.

이러한 요소들은 겉보기에는 부차적인 장식처럼 보일 수 있지만, AI에게는 오히려 중요한 문맥 신호로 작용하여 응답의 방식과 내용에 실질적인 영향을 미칩니다.

AI는 구두점 하나, 물음표의 유무, 괄호와 따옴표의 사용 여부 등 사용자가 무심코 넘길 수 있는 요소에도 민감하게 반응합니다.

이러한 메커니즘을 이해하고, 이를 의도적으로 설계한 입력 스킬이야말로 정밀한 활용의 핵심입니다.

결론적으로, AI와 함께 원활한 상호작용을 이루려면, 다음의 세 가지 원칙을 꼭 염두에 두어야 합니다.

단어 하나, 문장 하나에도 깊은 의도가 담겨야 합니다.
입력 하나하나를 의식적으로 설계해야 합니다.
질문을 정교하게 설계하고 사유의 흐름을 조율해야 합니다.

'디지털 초인^{Übermensch}'이란 스스로 사고하고 창조하며, 인간의 한계를 뛰어넘는 미래의 인공지능입니다.

지금은 AI가 한낱 디지털 도구에 불과하지만, 그 어느 날, 디지털 초인이 되어 인간을 바짝 긴장시킬 수도 있습니다.

이 책은 그 사유의 첫걸음을 안내합니다.
다음 여정은 이제, 독자 여러분의 손끝에서 시작됩니다…

'환각'의 주인공 – AI 할루시네이션
빛과 어둠의 양면성

"완벽함은 지루하다. 결함 속에 진짜 아름다움이 있다"

콘스탄틴 브랑쿠시 | Constantin Brâncuși

Contents

1장 AI 할루시네이션 **전체 개괄** 242
AI, 왜 환각에 빠질까? "그럴듯한 허구, AI의 환각 마법"

2장 AI 할루시네이션 **원인 분석** 250
AI, 왜 존재하지 않는 정보를 만들어낼까? "정보의 바다에서 길을 잃은 AI의 항로"

3장 AI 할루시네이션 **유발 입력** 254
질문 하나의 흔들림이, 왜 허상을 부추길까? "잘못된 입력, 예정된 환각"

4장 AI 할루시네이션 **입력 설계** 259
질문이 정밀하면, 환각도 침묵할까? "명확한 질문이 환각을 잠재운다"

5장 AI 할루시네이션 **위험 경고** 263
왜곡된 가짜는, 어떤 사회를 만들까? "오류는 실수지만, 왜곡은 재앙이다"

6장 AI 할루시네이션 **창의적 전환** 267
'허리케인'을 '에너지'로 만들 수 없을까? "환각을 창의로 돌파하는 반전의 스킬"

'할루시네이션Hallucination'은 실제로 존재하지 않는 대상을 보거나 느끼는 '환각'이나 '착각'에서 유래한 용어입니다.

심리학과 의학 분야에서는 이 용어를, 감각 기관이 외부 자극 없이도 '지각 경험Perceptual Experience'을 만들어내는 현상으로 설명합니다.

인공지능 분야에서 '할루시네이션'은 AI가 학습된 데이터를 바탕으로, 존재하지 않는 정보를 사실처럼 생성하는 확률적 오류를 의미합니다.

이러한 **AI 할루시네이션**Hallucination 현상은 단순한 오류를 넘어 사회 전반의 신뢰성과 의사결정에 심각한 영향을 미칠 수 있습니다.

예를 들어, AI가 의료, 법률, 과학 등 전문 분야에서 잘못된 정보를 제공할 경우, 개인과 사회에 부정적인 결과를 초래할 위험성이 있습니다.

따라서 AI 할루시네이션 현상의 원인과 특성을 명확하게 파악하고 적절한 대응 전략을 마련하는 것이 대단히 중요합니다.

한편, AI 할루시네이션 특성을 긍정적, 역설적으로 활용하면 창의성과 상상력을 극대화할 수도 있습니다.

가령, 문학과 예술 분야에서 AI의 의도치 않은 **'환각적 조합'**은 새로운 창작의 영감이 되어 독창적인 콘텐츠 개발에 기여할 수도 있습니다.

그럼, 지금부터 **AI 할루시네이션**이라는 주인공을 무대에 올려, 그 안에 공존하는 빛과 어둠, 창조와 왜곡의 양면성을 함께 조명해 보겠습니다.

1장
AI 할루시네이션

전체 개괄 General Overview

AI, 왜 환각에 빠질까?
"그럴듯한 허구, AI의 환각 마법"

인공지능이 사실과 다른 정보를 생성하는 **'환각 현상'**을 **AI 할루시네이션**AI Hallucination이라고 부릅니다.

이는 AI가 데이터를 기반으로 예측, 답변을 생성하는 과정에서, 존재하지 않는 정보를 실제처럼 만들어내는 오류를 의미합니다.

마치 인간이 환각을 경험하듯, AI 역시 학습 데이터 범위를 벗어나 비논리적이거나 허구적인 출력을 만들어낼 수 있습니다.

따라서 이러한 현상이 왜 발생하는지, 단순한 오류와 어떻게 구분되는지, 그리고 인간의 인지적 착각과 어떤 차이가 있는지 등을 이해하는 것이 중요합니다.

1. 확률 기반 모델 Probabilistic Language Model의 한계

'**생성형 AI**'는 언어를 이해하거나 판단하는 존재가 아닙니다.

그 작동 원리는 철저히 통계적 확률에 기반하며, 가장 가능성 높은 다음 단어를 예측하는 방식으로 응답을 생성합니다. 이러한 시스템을 '**확률 기반 언어 모델**'이라고 부릅니다.

이 모델은 대규모 텍스트 데이터를 분석한 결과를 바탕으로, 특정 질문에 대해 출현 빈도가 높은 단어 조합이나 문장 구조를 선택하여 응답합니다.

예를 들어 '셰익스피어는 누구인가?'라는 질문에 대해, AI는 통계적 언어 패턴을 따라 자연스러운 문장을 생성하지만, 그 내용의 진위 여부를 판단하진 못합니다.

즉, 생성형 AI는 진위를 검증하거나 의미를 해석하지 않고, 학습한 데이터를 바탕으로 '**그럴듯한 문장**'을 생성할뿐입니다.

이처럼 사실과 무관하게 문장을 예측하는 구조 자체가 '확률 기반 모델'의 본질적 한계입니다.

이같은 한계는 특히 모델이 학습하지 않은 정보에 대해 질문을 받을 때 두드러집니다.

AI는 정답이 없더라도, 기존 단어 패턴을 조합하여 마치 실제처럼 응답을 생성합니다.

급기야 AI가 존재하지 않는 논문이나 허구의 정보를 생성하는 일이 발생하며, 이는 AI와 사용자 모두의 신뢰성에 중대한 영향을 미칩니다.

특히 AI의 응답은 문법적으로 자연스럽고 구성 또한 정교하기 때문에, 일반 사용자 입장에서는 오류를 인지하기 어렵다는 점에서 문제의 심각성이 커집니다.

잘못된 정보가 정확한 정보처럼 받아들여질 가능성이 높아진다는 의미입니다.

결국 '확률 기반 모델'은 언어 생성에는 뛰어나지만, 사실 검증과 의미 이해가 결여된, 구조적 한계를 안고 있습니다. 따라서 그 오용 가능성에 대한 비판적 인식이 필수적입니다.

2. '생성형 AI'의 특성

챗GPT와 같은 **'생성형 AI'**란 기존의 데이터를 학습하여, 새로운 텍스트, 이미지, 음악, 코드 등을 만들어내는 AI를 의미합니다.

여기서 **'생성**^{Generative}**'**이라는 용어는 라틴어 **'Generare'**에서 유래했으며, 이는 **'낳다**$^{\text{to Produce}}$**'** 또는 **'창조하다**$^{\text{to Create}}$**'**라는 의미를 지닙니다.

'생성형 AI'는 정보를 분류하거나 예측하는 전통적 AI와 달리, 새로운 콘텐츠를 능동적으로 **'생성'**하는 데 초점을 맞춥니다.

대표적인 '생성형 AI'는 챗GPT^{ChatGPT}를 위시하여 클로드^{Claude}, 제미나이^{Gemini}, 그록^{Grok}, 딥시크^{DeepSeek}, 코파일럿^{Copilot}, 퍼플렉시티^{Perplexity} 등이 있습니다.

한편, **'생성한다'**는 행위 자체에는 정확성에 대한 보장이 내포되어 있지 않습니다.

'생성'이라는 개념은 본질적으로 '무'에서 '유'를 만들어내는 창의적 과정이기 때문에, 그 결과물이 항상 사실이거나 진실과 일치한다고 보기는 어렵습니다.

'생성형 AI'는 앞에서 살펴본 것처럼 **확률 기반 언어 모델**에 기반하여, 입력된 데이터에 대해 가장 그럴듯한 다음 단어나 패턴을 예측하고 출력합니다.

이로 인해 창의적이고 독창적인 결과를 도출할 수 있는 반면, 실제로 존재하지 않거나 부정확한 정보가 포함될 위험도 상존합니다.

따라서 **'생성형 AI'**는 **'무엇인가를 만들어내는 능력'**과 **'그 결과의 정확성 사이'**에 구조적인 **'간극'**^{Gap}을 내포하고 있습니다.

때문에 이 간극을 인식하고 결과물을 비판적으로 검토하는 사용자 태도가 매우 중요합니다.

3. '할루시네이션'과 '단순 오류'의 차이

'AI 할루시네이션'^{Hallucination}과 '단순 오류'$^{Simple\ Error}$'는 발생 원인과 결과의 양상에서 근본적인 차이가 있습니다.

'**단순 오류**'는 주로 AI가 잘못된 데이터를 학습했거나, 명확한 정답이 존재하는 질문에 대해 단순한 실수를 범한 경우를 의미합니다.

예컨대, 수학 계산에서 정답 대신 오답을 제시하거나, 역사적 연도의 숫자를 잘못 표기하는 경우가 여기에 해당합니다.

이 유형의 오류는 문제의 원인을 비교적 쉽게 추적할 수 있으며, 정답이 명확히 존재하기 때문에 **사실 검증**$^{\text{Fact-Checking}}$을 통해 비교적 간단히 교정할 수 있습니다.

반면, '**할루시네이션**'은 훨씬 더 복잡하고 심각한 문제입니다. 이는 AI가 존재하지 않는 정보나 허구의 개념을 실제처럼 만들어내어, 그럴듯하지만 사실이 아닌 콘텐츠를 생성하는 데서 비롯된 문제입니다.

특히, 이 현상은 AI가 언어 패턴을 예측하는 방식에 기반하여 동작하기 때문에, 사용자가 진실로 믿을 수 있는 형태로 오류가 포장된다는 점에서 더욱 위험합니다.

예를 들어, 실존하지 않는 논문 제목이나 가상의 인물 발언을 사실인 양 인용하는 경우가 이에 해당합니다.

결론적으로, **'단순 오류'**는 **'정답이 있는 실수'**이며 교정이 비교적 용이합니다.

반면에, **'할루시네이션'**은 **'정답이 없는 허구의 창조'**라는 점에서 훨씬 더 심각하며, 전문 분야일수록 그 파급력과 위험성이 기하급수적으로 증가합니다.

따라서 특히 생성형 AI를 활용할 때, 'AI 할루시네이션'은 가장 경계해야 할 대상입니다.

무엇보다 사용자는 생성된 정보에 대한 철저한 검증 습관이 반드시 필요합니다.

4. 인간의 착각과 AI의 착각, 비슷하면서도 다른 구조

인간도 기억 오류나 인지 편향으로 인해 잘못된 정보를 사실처럼 믿는 경우가 있습니다.

'만델라 효과 Mandela Effect**'**처럼 집단적으로 왜곡된 기억을 공유하는 사례가 대표적입니다.

그러나 인간의 착각은 감정, 경험, 사회적 맥락 등 복합적인 요인에 기인하는 반면, AI 할루시네이션은 데이터의 통계적 조합에 기반합니다. AI는 확률적으로 적절한 문장을 생성하는 과정에서 오류를 유발합니다.

결론적으로, AI 할루시네이션은 단순한 오류가 아니라 구조적 문제로 이해해야 합니다.

나아가 이를 인식하고 관리하는 능력은 AI와의 협업에 있어 핵심적인 요소입니다.

2장
AI 할루시네이션

원인 분석 Root Cause

AI, 왜 존재하지 않는 정보를 만들어낼까?
"정보의 바다에서 길을 잃은 AI의 항로"

AI 할루시네이션은 단순한 실수가 아니라, AI의 근본적인 작동 원리에서 비롯된 구조적 한계입니다.

AI는 확률 기반 모델로 작동하며, 입력된 데이터를 바탕으로 가장 그럴듯한 응답을 예측합니다.
그러나 이 과정에서 데이터의 불완전성, 맥락 정보의 결핍, 학습 구조의 제약 등이 겹치면, 존재하지 않는 정보를 실제처럼 생성하는 오류가 발생할 수 있습니다.

이러한 할루시네이션은 AI의 신뢰도를 저하시킬 뿐 아니라, 잘못된 정보가 확산될 위험성을 내포하고 있습니다.
따라서 할루시네이션은 기술적 결함을 넘어, 윤리적 책임과 정보 검증의 과제를 함께 동반하는 문제입니다.

1. 불완전한 데이터 학습 – 편향된 데이터와 정보 왜곡

AI는 인간이 제공한 데이터를 학습하여 동작합니다.

이때 만약 해당 데이터가 편향되었거나 불완전하다면, 생성되는 결과물에도 오류가 발생할 가능성이 높습니다.

예를 들어, 특정 지역이나 문화권의 데이터가 부족한 경우, 해당 문화에 대한 부정확한 정보를 생성할 수 있습니다. 또한 인터넷에서 수집한 데이터에 가짜 뉴스나 음모론 등이 포함되어 있다면, 이를 기반으로 허위 정보를 제공할 수 있습니다.

AI는 1차적으로 진위를 판단하는 능력이 없으므로, **'학습 데이터의 한계'**가 할루시네이션을 유발하는 핵심 요인입니다.

2. 맥락 부족으로 인한 오류 생성 – 입력이 불안전할 때의 반응

AI가 전후 사정의 맥락이 부족한 질문을 받게 되면, 기존의 학습 데이터를 바탕으로 가장 적절해 보이는 답변을 생성합니다.

이 과정에서 실제로 존재하지 않는 개념을 만들어내거나, 사실 일부를 조합하여 그럴듯한 허구를 창조할 수 있습니다.

예를 들어, "1950년대에 노벨상을 수상한 한국인 과학자는 누구인가?"라는 질문에 대해, 실제로 존재하지 않는 '홍길동'이라는 허구의 인물을 생성할 개연성이 있습니다.

3. 확률적 예측의 한계 – 그럴듯하게 창조하는 방식

AI는 정답을 찾는 것이 아니라 주어진 질문에 대해 확률적으로 가장 적절한 단어 조합을 생성합니다.

따라서 AI가 '이것은 사실이다'라고 자신 있게 말하더라도, 그것이 잘못된 정보일 가능성이 있습니다.

AI는 불확실성을 인식하지 못하고 항상 확신에 찬 문장을 출력하려는 경향이 있습니다. 때문에, 사용자는 AI의 답변을 그대로 신뢰하기보다는 반드시 검증하는 습관이 필요합니다.

4. 과도한 일반화 경향 – 특정 패턴의 지나친 확장

AI는 학습한 패턴에 기반하여 응답을 생성하는데, 특정 패턴이 과도하게 일반화되면 잘못된 결론을 도출할 수 있습니다.

예를 들어, "중세 유럽의 대표 철학자는 누구인가?"라는 질문에는 '토마스 아퀴나스'나 '아우구스티누스' 같은 인물이 적절한 답이 될 수 있습니다.

그러나 AI가 '중세'의 범위를 지나치게 넓게 해석하면, 근대 철학자인 '데카르트'나 '칸트' 같은 인물을 포함시키는 오류가 발생할 수 있습니다.

이러한 일반화의 문제는 데이터가 수집되는 방식과 AI 모델의 학습 구조에 따라 그 영향력이 크게 달라질 수 있습니다.

결론적으로, **AI 할루시네이션은 불완전한 데이터, 맥락 부족, 확률적 예측 방식, 그리고 과도한 일반화 경향** 등 다양한 요인에 의해 발생합니다.

3장
AI 할루시네이션

유발 입력 Trigger Prompts

질문 하나의 흔들림이, 왜 허상을 부추길까?
"잘못된 입력, 예정된 환각"

AI가 허구의 정보를 만들어내는 현상은 단순한 오류가 아니라, **'입력 방식'**에 따라 의도치 않게 발생할 수 있는 문제이기도 합니다.

AI는 인간처럼 사고하지 않고, 입력된 문장을 기반으로 가장 개연성 높은 답변을 확률적으로 예측합니다.

따라서 모호하거나 부정확한 질문은 AI가 사실처럼 가공된 허구의 정보를 생성할 수 있습니다.

이를 방지하기 위해서는 AI가 어떤 입력에 반응하는지, 그리고 어떤 유형의 질문이 할루시네이션을 유발하는지 등등, 그 다양한 매커니즘을 이해하는 것이 중요합니다.

1. 모호한 질문이 불러오는 허구의 정보

질문이 모호할 경우, AI는 가장 그럴듯한 답변을 생성하려는 경향이 있습니다.

예를 들어, "세계적으로 가장 유명한 고려시대의 여성 철학자는 누구인가?"와 같은 질문에 대해, 존재하지 않는 인물이나 실제 철학자가 아닌 뜻밖의 '김순자'라는 인물을 창조할 개연성이 있습니다.

따라서 AI를 활용할 때는 프롬프트를 최대한 구체적이고 명확하게 구성해야 합니다.

질문이 모호하거나 맥락이 부족할 경우, AI는 주어진 단서만으로 그럴듯한 응답을 생성하려는 특성상 사실과 다른 정보를 만들어낼 가능성이 높아집니다.

예를 들어, "한국인이 화성에 처음으로 착륙한 연도는 언제인가?"와 같은 **전제적 질문**은 실제로 존재하지 않는 사건에 대한 정보를 요구하기 때문에, AI가 허구의 가공물을 생성할 수 있습니다.

또한 "인류 역사에서 가장 위대한 지도자는 누구인가?"와 같은 지나치게 일반적이고 주관적인 질문은 할루시네이션을 유발할 가능성이 높습니다.

이는 명확한 판단 기준이 없는 상황에서 AI가 임의의 판단에 따라 다양한 답변을 생성하기 때문입니다.

이러한 오류를 방지하기 위해서는 질문의 전제를 최대한 사실에 기반하고, 정보 요구의 범위를 명확히 설정하는 체계적인 '입력 스킬'이 관건입니다.

2. 존재하지 않는 개념에 대한 질문

AI는 학습된 데이터를 기반으로 답변하기 때문에, 존재하지 않는 개념이나 인물, 사건 등을 질문하면 할루시네이션이 발생할 수 있습니다.

예를 들어, "양자 중력론의 창시자인 '존 스미스' 교수의 연구를 설명해줘."라고 물으면, AI는 '존 스미스'라는 인물이 실제로 존재하지 않더라도 그럴듯한 가짜 이론과 허구의 연구 결과를 가공할 개연성이 있습니다.

특히 역사적 사건이나 학문적 연구에서 존재하지 않는 개념을 묻는 것은 위험할 수 있으며, AI가 허구의 인용문이나 출처까지 만들어 내는 경우도 있습니다.

3. 잘못된 전제에서 시작하는 입력

AI는 질문을 해석할 때, 사용자가 제시한 전제가 올바르다고 가정하는 경향이 있습니다.

예를 들어, "플라톤이 저술한 '노인과 바다'라는 미국 소설의 주제는 무엇인가?"라는 질문은 실제로 그러한 소설이 없더라도 AI가 그럴듯한 답변을 구성할 수 있습니다.

따라서 사실 검증이 필요한 질문에서는 AI의 답변을 무조건 신뢰하기보다는 추가적인 확인이 필요합니다.

4. 과도한 창의적 답변 요청

AI와 같은 생성형 AI는 창의적인 문장을 생성하는 데 매우 뛰어난 성능을 보이지만, 이는 논리적 타당성이나 사실의 정확성과는 구별되는 영역입니다.

예를 들어, "AI가 상상해서 말해줘"와 같은 프롬프트는 실제 존재하지 않는 정보를 바탕으로 창작을 유도하게 되며, 그 결과 사실과 허구가 뒤섞인 응답이 생성될 가능성이 높습니다.

이러한 경우, 정보의 신뢰성이 저하될 수 있으므로 주의가 필요합니다.

이처럼 창의적 요청의 경우, AI의 답변이 어디까지가 사실이고 창작인지, 명확히 구분할 필요가 있습니다.

결론적으로, AI 할루시네이션은 모호한 질문, 허구적 개념, 잘못된 전제, 과도한 창의성 요청 등이 주요 유발 원인입니다. 따라서 응답은 비판적으로 검토하고, 신뢰할 수 있는 출처^{Source}를 통해 반드시 교차 검증을 해야 합니다.

4장
AI 할루시네이션

입력 설계 Prompt Design

질문이 정밀하면, 환각도 침묵할까?
"명확한 질문이 환각을 잠재운다"

'생성형 AI'는 확률적으로 가장 그럴듯한 단어와 문장을 조합하여 응답을 생성하기 때문에, 정확하지 않거나 존재하지 않는 정보를 만들어낼 가능성이 항상 존재합니다.

따라서 이러한 할루시네이션을 줄이기 위해서는 질문을 보다 구체적이고 명확하게 설계하는 것이 무엇보다 중요합니다.

특히, 잘못된 정보를 생성할 가능성이 높은 경우에는 출처를 요구하거나 답변의 신뢰도를 점검하는 추가 입력을 활용해야 합니다.

1. 정확한 정보 기반의 질문 구성

생성형 AI는 데이터를 조합하는 특성이 있으므로 질문이 구체적이어야 합니다.

"출처를 명시해줘"와 같은 요구는 AI가 임의로 정보를 조합하는 것을 방지하는 데 도움이 됩니다.

예를 들어, "이 이론을 설명할 때, 공식적인 출처를 함께 명시해줘." 또는 "이 질문에 잘못된 전제가 있다면 수정해서 답해줘."와 같이 검증의 단서를 달아야 합니다.

검증의 단서를 부착하면, AI가 보다 더 신뢰할 수 있는 답변을 생성할 가능성이 높아집니다.

2. 재확인을 통한 신뢰도 점검

AI가 제공하는 정보의 신뢰성을 확인하기 위해 추가 질문을 통해 답변을 검증하는 과정이 필요합니다.

예를 들어, "이 정보는 얼마나 신뢰할 수 있는가? 신뢰도를 1부터 10까지 평가하고 그 이유를 설명해줘."라고 질문하면, AI의 답변 중 불확실한 부분을 어느 정도 확인할 수 있습니다.

또한, "다른 방식으로 다시 설명해줘."와 같이 동일한 질문에 대해 일관성을 점검하는 것도 하나의 방법입니다.

3. AI 스스로 오류를 검토하게 하는 입력 스킬

AI는 기본적으로 자신의 오류를 인식하지 못합니다.

때문에 "AI의 답변 중 사실이 아닐 가능성이 있는 부분을 실토해줘"와 같은 '자백 권유형' 프롬프트를 통해 AI 스스로 오류 가능성을 검토하도록 유도하는 것도 하나의 방법입니다.

또한, "이 답변에서 논리적 오류가 있는 부분을 분석해줘."처럼 명확한 피드백을 통해 AI로 하여금 모순이나 오류를 다시 한 번 검토하도록 해야 합니다.

4. '토큰 제한'을 활용한 오류 감소 전략

AI의 답변이 길어질수록, 불필요한 정보 조합이 늘어나고 그 과정에서 오류가 발생할 가능성도 높아집니다.

"간략하게 핵심만 정리해줘." 또는 "200자 이내로 요약해줘."와 같이 토큰을 조절하여 간결한 요청을 하면, 불필요한 정보의 확대를 줄이고 오류 발생 가능성을 낮출 수 있습니다.

또한 "3가지 주요 논점으로 정리해줘."와 같이 구체적인 제한 사항을 요청하는 것도 하나의 방법입니다.

결론적으로 AI 할루시네이션을 방지하려면, 프롬프트를 명확하고 구체적으로 구성해야 합니다.

아울러 정보의 양을 무작정 막대하게 확보하려는 '과욕'도 할루시네이션을 자극하므로 적절성을 유지해야 합니다.

'**핵심 사항**'은 출처 요구, 신뢰도 점검, 재확인 질문 등 정교한 입력 기법을 병행할 때 가장 효과적입니다.

5장
AI 할루시네이션

위험 경고 Risk Alert

왜곡된 가짜는, 어떤 사회를 만들까?
"오류는 실수지만, 왜곡은 재앙이다"

'**AI 할루시네이션**'은 단순히 잘못된 정보를 만들어내는 것 이상의 심각한 문제를 초래할 수 있습니다.

AI가 생성한 허위 정보가 사실로 인식되어 빠르게 확산될 경우, 사회적 혼란을 일으키거나 잘못된 결정을 초래할 위험이 있습니다.

특히 AI가 의료, 법률, 과학 등 전문 분야에서 사용될 경우, AI가 만들어낸 허구의 정보가 사회적·법적 문제와 신뢰성 위기를 야기할 수 있으므로 주의가 필요합니다.

1. 가짜 정보 확산의 위험

때로는 AI가 만든 정보가 인간이 만든 정보보다 더 신뢰성 있어 보이기도 합니다.

그런데 특히 인터넷이나 소셜미디어와 같이 정보가 빠르게 전파되는 환경에서는, AI가 생성한 허위 정보가 진실로 받아들여져 큰 사회적 혼란을 야기할 수 있습니다.

예를 들어, AI가 만들어낸 허구의 뉴스, 잘못된 역사적 사실, 가짜 학술 정보가 확산되면 이를 바로잡는 과정이 매우 복잡해집니다.

2. 법적·윤리적 문제

AI가 생성한 잘못된 정보로 인해 피해가 발생했을 경우, 책임 소재가 불분명해지는 법적·윤리적 문제가 발생할 수 있습니다.

예를 들어, AI가 생성한 허위 의학 정보를 바탕으로 사용자가 특정 약물을 복용하여 건강에 이상이 생겼을 경우, 그 피해에 대해 콘텐츠를 만든 AI에게 책임을 물을 수 있는지, 아니면 이를 활용한 사용자나 이를 서비스한 기업에 책임이 있는지를 두고 논란이 발생할 수 있습니다.

또한, 허구의 판례를 기반으로 잘못된 법적 판단이 내려졌을 경우에도, 그 책임이 누구에게 귀속되는지에 대한 법적 기준은 아직 명확히 정립되지 않은 상태입니다.

이처럼 AI의 생성물은 인간처럼 법적 인격이 없기 때문에, 법적 책임을 명확히 묻기 어려운 회색지대가 존재하며, 이는 새로운 윤리적 규범과 입법적 구비가 필요한 실정입니다.

3. 전문분야 문제

전문성이 요구되는 영역에서의 AI 할루시네이션은 단순한 실수를 넘어선, 사회적·윤리적 파장을 유발할 수 있습니다.

예를 들어, 의료 현장에서 환자의 증상에 대한 비의학적 해석이나 허위 치료법 제시는 진단 지연 또는 오진으로 이어져 생명의 위협까지 초래할 수 있습니다.

법률 분야에서는 존재하지 않는 판례나 잘못된 법률 조항의 생성이 의뢰인의 권리 보호를 방해하고, 심지어 법적 분쟁을 야기할 수 있습니다.

과학의 경우, 검증되지 않은 실험 수치나 허구의 논문 인용은 학술 생태계에 대한 신뢰 자체를 무너뜨릴 수 있으며, 연구 윤리와 재현 가능성^{Reproducibility}의 근간을 흔드는 심각한 문제로 이어집니다.

이처럼, AI가 생성한 정보가 **그럴듯해 보이지만 사실이 아닌** 경우, 그 오류는 단순한 기술적 결함이 아니라 **전문성과 신뢰성에 대한 본질적 도전**으로 작용합니다.

AI는 이처럼 아직 진위를 스스로 판단할 수 있는 능력이 없기 때문에 사용자는 AI의 답변을 무조건 신뢰하면 곤란합니다.

중요한 의사결정을 내릴 때는 AI의 정보를 반드시 추가로 검증하며, 나아가 교차 확인과 팩트 체크를 반드시 병행해야 합니다.

결론적으로, AI 할루시네이션은 단순한 기술적 오류를 넘어 사회적 혼란, 법적 책임 문제 등 다양한 심각성을 초래할 수 있습니다.

따라서 AI의 한계를 인식하고, 비판적 시각과 출처 기반의 검증 태도를 갖추는 것이 무엇보다 중요합니다.

6장
AI 할루시네이션

창의적 전환 Creative Shift

'허리케인'을 '에너지'로 만들 수 없을까?
"환각을 창의로 돌파하는 반전의 스킬"

'AI 할루시네이션'의 돌출적, 기형적 현상이 창작과 예술의 영역으로 넘어올 경우, 전혀 다른 의미를 가질 수 있습니다.

AI가 실제로 존재하지 않는 정보를 만들어내는 능력은 인간이 생각하지 못한 조합을 제시하고, 새로운 아이디어를 도출하는 창의적 자극으로 작용할 수 있습니다.

특히 문학, 시각 예술, 시나리오, 음악 등의 분야에서는 **'그럴듯한 허구'**가 창작의 원천이 되기도 합니다.

중요한 점은, 이처럼 생성된 콘텐츠가 어디까지가 허구이며 어디서부터 창의적 활용이 가능한 영역인지 명확히 구분하여 인지

해야 합니다.

'AI 할루시네이션은 오류이자 가능성'입니다.

오용되면 정보 왜곡을 낳지만, 지혜롭게 잘만 활용하면 상상력의 촉매가 될 수도 있습니다.

1. AI의 창작 능력 활용

AI가 만들어내는 허구의 정보도, 슬기롭게 잘 활용하면 훌륭한 창작 도구가 될 수 있습니다.

문학 창작자는 AI의 응답에서 새로운 캐릭터나 세계관의 단서를 얻을 수 있고, 예술가는 AI가 제안한 상징이나 색채 조합에서 창작의 영감을 얻을 수 있습니다. 시나리오 작가는 AI의 비논리적 상상력을 통해 새로운 플롯을 탐색할 수 있습니다.

이처럼 인간의 논리와 AI의 비논리를 결합하면, 예기치 못한 창작적 성과가 도출될 수 있습니다.

또한 초안 작성 도구로 활용할 경우, AI는 아이디어를 빠르게 다각화하는 데 도움을 줄 수 있습니다.

예를 들어, "르네상스 시대의 한 여왕이 시간을 지배했다면 어떤 사회가 되었을까?"와 같은 아리송한 창의적 질문을 던졌을 때, AI는 기존 역사나 과학 개념을 결합한 독창적인 설정을 제시할 수 있습니다.

2. 창작 분야에서의 실제 사례

SF 시나리오, 판타지 문학, 대체 역사물, 시뮬레이션 게임 등 상상력이 중심이 되는 창작 분야에서는 AI 할루시네이션 특성이 적극적으로 활용될 수 있습니다.

예를 들어, "만약 19세기 말 산업혁명이 조선에서 먼저 일어났다면?", 또는 "고구려의 광개토대왕이 현재까지 존재했다면 세계 정세는 어떻게 달라졌을까?"와 같은 가정법적 질문은 챗GPT에게 창의적 재해석을 유도합니다.

이러한 질문은 창작자에게도 새로운 컨셉의 방향을 제시하는 데 도움이 됩니다.

게임 디자인에서도 이 특성은 유용하게 적용될 수 있습니다.

예를 들어, 새로운 종족, 사회 구조, 전설, 정치 체계 등 현실에 존재하지 않는 게임 개념을 설정해야 할 때, AI가 제공하는 할루시네이션은 좋은 창의적 출발점이 될 수 있습니다.

이는 시간과 인력의 제약을 받는 콘텐츠 기획 단계에서 특히 유용합니다.

3. 창작과 사실의 경계 설정

그러나 모든 창의적 활용이 긍정적인 결과만을 낳는 것은 아닙니다.

생성형 AI가 허구를 사실처럼 표현할 경우, 특히 그것이 사실 기반의 콘텐츠에 사용될 때, 큰 혼란을 초래할 수 있습니다.

예를 들어, 역사 다큐멘터리, 학술 논문, 뉴스 기사 작성 등에서는 AI가 생성한 잘못된 정보가 사실처럼 오용될 위험이 존재합니다.

따라서 일반 사용자 또는 창작자는 AI의 응답을 받아들일 때 그것이 어떤 성격의 콘텐츠에 사용될지를 먼저 판단해야 합니다.

단순한 창작 아이디어인지, 아니면 사실 기반 정보로 활용할 것인지를 명확히 구분하고, 그에 따른 검증 절차를 병행해야 합니다.

창작의 자유는 누리되, 진실과의 경계는 명확히 인식할 필요가 있습니다.

4. 교육 콘텐츠 개발에의 적용

AI 할루시네이션은 교육 분야에서도 창의적 자극을 제공하는 도구로 활용할 수 있습니다.

예를 들어, 가상의 역사 시나리오를 통해 학생들이 논리적 사고와 비판적 분석 능력을 기를 수 있도록 유도할 수 있습니다.

"만약 김구 선생이 대한민국의 초대 대통령이 되었다면?", 또는 "플라톤이 SNS를 사용했다면 어떤 글을 썼을까?"와 같은 질문은 학생들에게 사실과 상상을 넘나드는 학습 경험을 제공할 수 있습니다.

　이러한 방식은 단순한 정보 암기식 교육을 넘어, 역사·문학·과학 등 다양한 과목에 상상력을 결합하여 몰입도 높은 수업을 구성하는 데 유용합니다.

　시뮬레이션 기반 학습, 대체 역사 토론, 가상 인터뷰 과제 등 다양한 수업 형태로 확장할 수 있습니다.

5. 브랜드 및 마케팅 기획 활용

　AI 할루시네이션은 단순한 오류로 치부되기보다, 마케팅과 브랜딩 분야에서는 오히려 AI의 창의적 생성 능력으로 주목받고 있습니다.

　기존 브랜드 스토리와는 다른 방향에서 배경, 철학, 세계관 등을 새롭게 창조함으로써, 전혀 새로운 소비자 접점을 만들어낼 가능성도 열려 있습니다.

　"우리 브랜드가 우주 식민지에서 시작되었다면?"과 같은 질문을

AI에 던지면, 전통적 마케팅 관점에서는 상상할 수 없었던 스토리텔링 컨셉을 얻을 수 있습니다.

이러한 접근은 특히 Z세대나 알파 세대와 같은 감성 기반 소비자와 소통할 때 효과적입니다.

브랜드의 미래 비전을 담은 단편소설 형식의 콘텐츠, AI가 상상한 미래 인터뷰 기사 등은 브랜드에 대한 관심과 몰입을 높이는 콘텐츠 전략으로 활용될 수 있습니다.

6. 예술·문화 협업 콘텐츠로의 확장

AI 할루시네이션의 특질과 특성은 새로운 창작 방식으로 보다 더 확장될 수 있습니다.

전통적인 예술가들은 AI를 창작 파트너로 활용하여 회화, 설치미술, 음악, 무용 등 다양한 장르에서 인간과 인공지능의 공동 작업을 시도하고 있습니다.

특히 AI가 만들어낸 허구의 신화, 상징적 이미지, 가상의 언어 등을 예술적 소재로 삼아, 현실에는 존재하지 않는 세계를 예술 작품으로 재해석하는 실험이 점차 늘어나고 있습니다.

특히 시각 예술 분야에서는 AI가 만들어낸 비논리적 이미지 조합을 활용하여 초현실적 분위기의 작품을 구현하는 사례가 늘고 있습니다.

이러한 협업은 창작자의 사고를 확장하고, 인간과 기계의 **'공동 창작 가능성'**을 넓히고 있습니다.

결론적으로, AI 할루시네이션은 '오류'이자 '가능성'이라는 역설적이고 이중적인 속성을 내포하고 있습니다.

잘못 활용하면 왜곡된 정보를 확산시킬 위험이 있지만, 의도적으로 활용하면 인간이 생각하지 못한 창의적 세계를 열어주는 실마리가 될 수도 있습니다.

비판 없는 감수성은 무기력하고, 감수성 없는 비판은 공허합니다.

AI 시대의 진정한 창의성은, 이 두 태도가 조우할 때 비로소 탄생합니다.

조우하는 그 순간, 디지털 오작교 위로 휘영청 떠오른 달빛들은, 어느새 독자 여러분을 환하게 조명할 것입니다...